Feltrinelli KIDS

Carlo Greppi

Non restare indietro

Feltrinelli

Prima edizione in "Feltrinelli Kids" gennaio 2016
Quinta edizione dicembre 2016

Published by arrangement with Meucci Agency - Milano

Stampa Grafica Veneta S.p.A. di Trebaseleghe - PD

ISBN 978-88-07-92267-1

a Tommaso, un ragazzo

They're correcting.
They correct my heart.
They're rejecting.
They reject our hearts.
Now we're all stoned,
They've ripped it all apart.
Collapse, collide.

Archive, *Collapse/Collide*

È difficile ricordare

1.

Mai capito.

Sinceramente Francesco non ha mai capito perché va sempre a finire così, con lei che grida che lui è un "buonannulla" o uno "scansafatiche" – ma che parole sono? – e lui che urla e sbatte la porta e si calma solo quando è in strada. E poi, oggi è un giorno di una certa importanza, ma lei cosa ne sa, lei che a scuola non ci va da una vita. Ecco, questo quadrimestre non poteva cominciare peggio di così: Francesco è in ritardo. Tanto è un problema suo – mica di sua madre – se entra in ritardo, e l'autobus non arriva mai quando sei in ritardo. Se ti metti a camminare arriva appena hai svoltato l'angolo, e se stai alla fermata non arriva. È la legge di Murphy, la conoscono tutti.

Fa freddo, alla fermata.

Francesco si tira il cappuccio sulla testa che ha rasato ieri sera perché si sentiva un po' nudo, a pensare a oggi. Se lo tira su per via di quella sensazione che sale e scende tra la pancia e il petto. La stessa che ha provato a placare tagliandosi i capelli con la macchinetta, perché si sente più sicuro di sé, subito dopo. Ci prova, a tenere questa sensazione con la testa giù, a spingerla sotto il cemento.

Perché è come se la vedesse, proprio, come se riuscisse ad afferrarla, tanto è reale. Ma lei resta lì: un'agitazione che non ha nome. D'altra parte anche se a scuola ci è andato per dieci anni e mezzo, questo lunedì di gennaio per Francesco è un altro primo giorno. Tutto da rifare, alla Scuola Nuova: amici e reputazione, innanzitutto.

È normale stare così se devi ricominciare da capo, si dice, è normale ma non lo sa, Francesco, se è normale stare così. Le madri queste cose non le capiscono, almeno sua madre sembra che non ci arrivi. E se capisce si guarda bene dal chiedergli come sta.

"Sei preoccupato?" basterebbe dire. Probabilmente lui risponderebbe con un mugugno, ma perché non è che puoi rimediare chiedendo "Sei preoccupato?" una volta, così, a sorpresa, dopo che non l'hai fatto mai.

Ha una corazza, Francesco, come tutti noi.

Non è un duro, anche se molti lo pensano – e lui li lascia fare –, perché sta sempre attento a non farsi mettere i piedi in testa, e a volte deve giocare un po' d'anticipo. Sa improvvisare uno sguardo glaciale (i suoi occhi verdi possono sembrare feroci), sa restare un po' sulle sue e sa fare il misterioso, quelle robe lì che servono a sopravvivere nel suo mondo. Ma molte cose non le sa, non le ha ancora capite, e non fa fatica ad ammetterlo.

2.

Tra le cose che Francesco non ha mai capito c'è perché gli adulti non chiedono mai ai ragazzi cosa pensano della vita, per poi fare grandi discorsi sui "giovani", sulle "nuove generazioni" che sono il futuro di questo paese che va a rotoli eccetera eccetera eccetera. E come possono vederlo, il futuro, se tutti ne parlano così, in continuazione?

Soprattutto se sono sempre lì a frantumarci con gli "insegnamenti del passato", pensa Francesco. A proposito, per il suo primo giorno alla Scuola Nuova, Francesco ha avuto una soffiata. Ci sarà un incontro, stamattina alla prima ora. La prof di storia ha aderito a un progetto "per non dimenticare", una di quelle iniziative legate al Giorno della Memoria in cui arrivano degli altri prof, magari persino dall'università, quelli che stanno là dove chissà se Francesco avrà mai voglia di andare. E giù a infilare a forza nel cervello date che non vogliono entrare e nomi in tedesco per raccontare quanto sono stati infami i nazisti e i fascisti e quanti milioni di persone hanno sterminato mille anni fa. Preferisce i dinosauri, Francesco, o i gladiatori, a 'sto punto, se proprio deve dire quello che pensa. Non perché non gli interessi l'argomento: non tanto per quello che dicono gli adulti, ma per *come* lo dicono. Tono piatto, da conferenza, incontri che sembrano documentari inguardabili, solo che manco le immagini ci sono.

Ok, però, vorrebbe dire.

Ok, però voi non è che avete imparato molto dagli insegnamenti del passato, ok però mi sta anche bene che esista il Giorno della Memoria e tutti gli altri Giorni con la G maiuscola, ma anche oggi ne stanno accadendo, di stragi e cose del genere, vorrebbe dire. E il Giorno del Presente, com'è che non esiste? Non ditemi che il presente è meglio di quando c'era la guerra qua. E i morti di oggi? Sono più lontani, ok, ma sono di serie B, forse?

E poi Francesco prova quella sensazione simile al senso di colpa, dopo aver pensato questo. E infatti non lo dice, perché non ne sa molto e non è che non sia dispiaciuto per la Shoah e tutti i milioni di morti del passato. In fondo è solo un ragazzo che cerca di capire come vanno veramente le cose. Il che è difficile, pensa, dato che viviamo in un mondo pieno di menzogne.

Quella guerra, la seconda guerra mondiale, è una faccenda lontana ormai, ed è solo grazie ai film e a *Call of Duty* che Francesco ha l'impressione di riuscire a capire cosa dev'essere stato vivere con la vita appesa a un filo. Con qualcuno che ti dà la caccia ed è pronto a spazzarti via con una raffica di mitra, senza che tu abbia il tempo di impugnare il tuo.

E comunque Francesco non è appassionato di epoche che non può vivere, ecco. "Si vive una volta sola," dice sempre quando sua madre gli fa le domande alle quali non sa rispondere su cosa vuole essere "da grande" eccetera eccetera. Francesco ha un pessimo rapporto con il suo futuro. È vero che la sua generazione non ha idea di cosa sia l'utopia, ma è anche vero che sente sempre e solo parlare di memoria, di passato. Certe cose bisogna dirle. Comunque, il suo contatto alla Scuola Nuova, Andrea, non gli ha detto molto più di questo: ci sarà un incontro di un progetto "per non dimenticare". Non gli ha detto di più probabilmente perché la prof non ha rivelato altro, forse perché la prof vuole far credere ai suoi futuri compagni della Scuola Nuova che ci sarà uno di quei vecchietti che sono sopravvissuti ai campi di concentramento e che quando raccontano di solito commuovono chi li ascolta perché hanno vissuto in posti simili all'Inferno di Dante, e da come ne parlano sembra che sia successo ieri. O che stia succedendo oggi. Sono bravi a raccontare, i sopravvissuti, Francesco se lo ricorda dalle elementari.

Anzi, *erano* bravi.

Ma a me non mi freghi, pensa, cara prof Ancora-non-so-il-tuo-nome, perché io lo so che ormai non c'è più nessuno di loro, o quasi, che è ancora vivo. Già quando ero alle elementari avevano ottant'anni.

Non ci sarà nessun testimone, alla prima ora, Francesco lo sa. Ci sarà di sicuro una lezione-conferenza che magari gli farà persino rimpiangere il prof dell'altra scuola, quello con la pelata. Non faremo il suo nome perché ha dei figli e una vita piena di casini. Comunque Francesco vedeva solo quella, la pelata, visto che il prof passava le ore di storia a leggere dal libro di testo che gli allievi avrebbero potuto leggere a casa, se proprio avessero voluto (e qualcuno lo faceva pure). Le ore volavano così, a cazzeggiare al cellulare. Perché il prof non si sarebbe accorto dell'esplodere della terza guerra mondiale, tanto era chino sul libro a sentire l'eco della sua voce.

Poi, alle interrogazioni, il prof con la pelata era uno stronzo, e per poco non chiedeva anche le ore e i minuti, altro che le date.

3.

Sostanzialmente Francesco dovrà riuscire a dimostrare alla prof Ancora-non-so-il-tuo-nome di non essere un cretino, e allo stesso tempo non può permettersi di passare per un secchione il primo giorno nella Scuola Nuova. Sarebbe un danno enorme alla sua reputazione ancora tutta da ricostruire. E questo è il primo problema: lui ha una memoria che in molti gli invidiano, e la prof delle medie era fissata con le date come il prof con la pelata, e in terza media – sembra passato un secolo – li aveva asfissiati con quelle del Novecento. "Vi serviranno, alle superiori, vi serviranno nella vita," diceva sempre. Ok, non è che Francesco le avesse veramente imparate tutte, ma alcune erano rimaste lì, a galleggiare nel suo cervello, e neanche a volerlo sarebbe riuscito a eliminarle. Aveva elaborato una tecnica di memorizzazione alla quale poteva sempre aggrapparsi. Dicevano che era un bambino sveglio, poi hanno iniziato a dire che era "uno che si chiude nel suo mondo". Nessuno ha mai provato a chiedergli veramente com'è, quel mondo lì.

Comunque.

La tabellina dell'undici.

Non si studia a scuola, normalmente, ma se ti metti all'inizio del Novecento e ci applichi la tabellina dell'undici funziona, o quasi.

1911 – non è che sia successo un granché. Però si sente l'odore della prima guerra mondiale, che scoppia pochi anni dopo. Ma Francesco è particolarmente orgoglioso di questa sua trovata soprattutto per le tre date che seguono: il 1922, il 1933 e il 1944. In ogni caso, se in classe si dovesse parlare della prima guerra mondiale, le date sono 1914-1918, ma per l'Italia che è entrata nel conflitto in un secondo momento sono 1915-1918. Gli smartphone sono stati inventati per questo, pensa Francesco, e sorride quasi di nascosto salendo sull'autobus e alzando lo sguardo sugli altri passeggeri, quasi tutti con il collo piegato, come lui un secondo fa, a guardare i loro piccoli schermi. L'autobus riparte.

1922 – la marcia su Roma. Mussolini prende il potere in Italia, "ed è il primo regime fascista a farlo in Europa". La prof delle medie scandiva queste parole come se venissero dalla Bibbia. "Vi servirà, nella vita, saperlo."

1933 – è la volta di Hitler, in Germania, "non con un colpo di stato ma grazie a libere elezioni". Undici anni dopo Mussolini, "undici anni non sono pochi" e la prof diceva pure che Hitler si ispirò al dittatore italiano. Questo non lo sa nessuno, pensa Francesco, e non è da secchioni tirarlo fuori, se capita. Anzi, fa pure un certo effetto.

Grazie, prof.

1944 – quasi la fine della seconda guerra mondiale. Basta ricordarsi che la tabellina qua non funziona perfettamente: l'anno in cui tutto finisce è il 1945, non il 1944 (che sarà stato "l'inizio della fine", in ogni caso). Gli anni della seconda guerra mondiale sono 1939-1945, e 1940-1945 per l'Italia, che a quanto pare entra in guerra sempre un anno dopo gli altri paesi.

Grazie, Google.

Se valessero i film, se solo valesse citare anche i film, Francesco qualcosa in più saprebbe, altrimenti potrebbe quasi solo aggrapparsi alla sua tabellina. C'è di peggio, ok, tipo non aver mai sentito nominare Hitler o Mussolini, ma forse non li hanno mai sentiti solo gli alieni. Anche se nella Vecchia Scuola c'erano alcuni suoi compagni ai quali quei nomi proprio non dicevano niente. Alla fine – aveva pensato – la Storia, come tutto, dipende da dove sei nato, da chi te l'ha insegnata, dalle storie che hai sentito raccontare, dai film che hai visto, dai libri che hai letto (se sei uno a cui piace leggere).

Comunque, all'incontro della prima ora Francesco spera che qualcuno lo chieda, perché lui no, non è che si può esporre così, al pronti-via.

Spera che qualcuno lo chieda, come ci è riuscito, quel pazzo di Hitler, a convincere o a costringere il popolo tedesco a fare quello che ha fatto, più o meno settant'anni fa.

4.

È questione di secondi, ma Francesco è allenato: tra un mese e mezzo c'è la partita con la quale si potrebbe giocare il passaggio di categoria, perché ha iniziato a essere convocato in prima squadra da dicembre e, vincendole quasi tutte, stanno letteralmente volando. Come Francesco adesso, che sceso dall'autobus si è messo a correre con il cappuccio sempre tirato su, e si è mangiato i tre isolati che separano la fermata dalla Scuola Nuova.

8.11: un minuto di ritardo.

Francesco si unisce agli ultimi che entrano, quasi tutti maggiorenni che si possono firmare le giustificazioni da soli, lo vede da come camminano, con una calma da invidiare, mentre per la corsa lui ha il sudore che gli scorre tra il cappuccio e il collo, e non sente più freddo. Due anni, solo due anni e potrò giustificarmi da solo anche io, pensa. Ma intanto questa volta ce l'ha fatta: sale un piano di scale a falcate di tre gradini per volta e s'infila nella porta ancora aperta della III C.

Il suo "contatto", Andrea, è seduto al centro, in fondo alla classe. Gli fa un cenno del capo per dirgli "muoviti". Gli ha tenuto il posto vicino a lui. Grazie grazie grazie, pensa Francesco. Ma si limita a ricambiare il cenno alzando il mento, con un'aria che deve sembrare da duro. Molla lo zaino per terra e poi sprofonda sulla sedia appena in tempo, perché la prof entra in classe, e fa l'appello così rapida che Francesco a malapena si accorge che c'è anche il suo nome.

"Presente," bofonchia come tutti gli altri.

5.

"Lo sapete da quanto esiste il Giorno della Memoria?"

La domanda della prof fa cadere il silenzio in classe.

Che domanda è, "da quando esiste"? È come chiedere da quando esiste il Natale, no? pensa Francesco. Si guarda intorno, studiando i nuovi compagni. Non prova nulla di particolare per nessuno di quegli sguardi imbarazzati: mezza classe è immobile a guardarsi i piedi con i gomiti sul banco o appoggiati sulle ginocchia, tenendosi la testa fra le mani come per grattarsela.

"Provate a indovinare, non vi sto interrogando." Il sorriso della prof sembra rassicurante.

Il fatto è che non si è mai posto questa domanda, Francesco, e comunque anche se lo sapesse si guarderebbe bene dal dirlo, considerando che si sente addosso gli occhi dell'altra metà della classe, quella con i gomiti al posto giusto.

Due, tre mani si alzano.

"Alessia?"

"Mmmmmh, be', di sicuro dopo il 1945."

Andrea gli tocca il braccio con un dito che gli dice: "Hai visto, quella? Le ho chiesto di uscire con me". Ma Francesco sta pensando alla sua tabellina ed è anche vagamente infastidito dalla risposta di Alessia.

Vabbe', pensa, fin qui ci sarebbe arrivato chiunque, dai: dopo la fine della guerra.

"Matteo?"

"Negli anni settanta."

"Perché?"

"Così, per dire, che ne so," ribatte quello con un tono fastidioso. Ha più barba lui che tutti gli altri maschi della classe messi insieme.

"Martina?" continua la prof dopo aver lanciato un'occhiataccia a Matteo.

"Secondo me recentemente, tipo negli anni novanta o duemila. Ci vuole del tempo, prima che certi fatti diventino storia e memoria."

"Martina ci è andata molto vicino, ragazzi. Il Giorno della Memoria esiste dal 20 luglio del 2000, da quando voi avevate uno o due anni... ed erano passati cinquantacinque anni dalla fine della seconda guerra mondiale."

Questa non se l'aspettava, Francesco.

Il fatto che la ragazza con i capelli rossi di nome Martina abbia un intuito da fuoriclasse, altro che la sua tabellina, gliela rende antipatica. Non sa perché, ma il fastidio aumenta quando la prof Ancora-non-so-il-tuo-nome inizia a spiegare come è stato deciso di istituire il Giorno della Memoria e lei a testa bassa a scrivere. Prende appunti, come altre due ragazze e uno che ha una felpa verde simile alla sua, ma sarà alto venti centimetri più di lui. Sembra un gigante in un barattolo di marmellata, seduto al suo banco.

"Nell'immediato dopoguerra," dice la prof, "non è che gliene importasse molto a nessuno, di tutti questi reduci dai campi di concentramento e di sterminio."

E Martina scrive, portandosi i capelli rossi dietro l'orecchio destro.

"Non è che la gente fosse più stronza di adesso."

Ha detto "stronza" la prof – Francesco è quasi sconvolto. E quell'altra è sempre lì a scrivere.

La prof prosegue, come se non avesse appena detto quello che ha detto: "È che dopo la guerra, nel 1945, tutti volevano vivere, volevano dimenticare. Ciascuno aveva avuto i suoi lutti in famiglia, aveva sofferto la fame, il freddo, i bombardamenti, la paura. La fine della guerra è così, non si conclude quando i grandi della Terra mettono una firma sugli atti di pace. Ciascuno ha le sue ferite da curare, i suoi morti da ricordare o da dimenticare. Sapete chi è quest'uomo? L'avete mai visto?".

Sulla Lim è proiettata la faccia in bianco e nero di un uomo con il naso appuntito, gli occhiali dalla montatura spessa e la fronte stempiata. Sulle orecchie ha delle cuffie grosse, incredibilmente simili a quelle che vanno di moda ora. Lo sguardo con un sorriso che sembra di sfida, come se la sua squadra avesse appena ottenuto un rigore decisivo, o qualcosa del genere.

Questa volta la prof non aspetta la risposta.

"È Adolf Eichmann. Quest'uomo, che forse vi dà l'impressione di essere innocuo, era a capo di una sezione dell'Ufficio centrale per la Sicurezza del Reich, la Germania di Hitler. IV-B-4: sembra un nome in codice ma era così che si chiamava la sottosezione che si occupava degli individui considerati 'di razza ebraica'. Eichmann," la prof prosegue mettendo quasi il dito sugli occhiali dell'uomo sulla Lim, "organizzò le deportazioni che mandarono a morire milioni di persone. Quindici anni dopo la fine della guerra venne catturato in Argentina dai servizi segreti israeliani, e processato a Gerusalemme. Fu il primo processo mediatico della storia, seguito da radio, tv e giornali. Una filosofa, Hannah Arendt, scrisse un reportage con un sottotitolo che avrete sicuramente sentito: *La banalità del male*. È stata un po' fraintesa, e in parte sbagliava: Eichmann era un uomo capace di essere spietato. Ma ciò che sconvolse lei e ancora più l'opinione pubblica fu quanta burocrazia, quanta terribile *banalità* ci fosse stata dietro allo sterminio degli ebrei d'Europa. Fu il primo momento in cui il mondo si rese conto di cosa era stata la Shoah, che chiamavano ancora tutti Olocausto."

Martina alza la mano. Andrea dà di nuovo un colpo a Francesco che lo guarda, e i suoi occhi scuri sembra che dicano "Lei sa sempre tutto, hai visto?". Ma in realtà Martina vuole fare una domanda.

"Che differenza c'è tra le due parole, scusi?"

"Olocausto indica fin dall'antichità un sacrificio sul quale si fonda una comunità. Shoah è una parola ebraica, che significa catastrofe. Oggi in Italia e in altri paesi si preferisce usare questa, anche perché l'idea di sacrificio sembra suggerire che le vittime vivessero le persecuzioni che stavano subendo come la volontà del loro Dio. Invece in inglese si continua a usare Holocaust. A proposito, sapete qual è stato l'altro evento che ha scosso la coscienza del mondo, nel dopoguerra?"

Di nuovo il silenzio, ma Francesco inizia a capire che il più delle volte la prof Ancora-non-so-il-tuo-nome fa domande retoriche.

"Una miniserie tv. Come *Gomorra, Breaking Bad,* o *House of Cards*. Si chiamava *Holocaust,* andò in onda alla fine degli anni settanta. Io avevo all'incirca la vostra età, e me la ricordo eccome. Per la prima volta il grande pubblico vedeva la Shoah attraverso la storia di due famiglie, una di ebrei e una di tedeschi. Di colpo, anche se erano passati più di trent'anni, sembrava tutto così vicino. Le vittime, e anche i carnefici. Fu un trauma, soprattutto in Germania."

Il ragazzone con la felpa verde tossisce, qualcuno lo guarda e lui diventa rosso come un lampone gigante.

"Certo," continua la prof, "i racconti dei reduci, di quelli che il grande testimone Primo Levi, sopravvissuto ad Auschwitz, chiamava i salvati, hanno avuto un ruolo fondamentale. Infatti è vero che, in alcuni casi, chi non venne sommerso nella Shoah riuscì a raccontare. Ma in molti non ebbero il coraggio di farlo, perché volevano ricominciare a vivere, perché pochi volevano ascoltarli, perché chi sopravvive spesso si porta dietro una specie di senso di colpa per essere sopravvissuto, mentre molti altri suoi compagni non ce l'hanno fatta. E non è facile raccontare ai propri figli di aver vissuto all'inferno, di aver pianto e di aver fatto la fame, di essere stati deboli o addirittura pronti a ogni cosa pur di sopravvivere."

Mostrare le proprie debolezze, mostrare le proprie paure – Francesco è "chiuso nel suo mondo" proprio perché non ci pensa neanche a scoprire il fianco agli altri. Come capisce questo discorso.

"Con i nipoti, invece, è un'altra cosa," aggiunge la prof, "ed è una delle ragioni per cui tra gli anni ottanta e gli anni novanta all'improvviso il mondo iniziò a ricordare la Shoah in maniera simile a come se ne parla adesso. I reduci ancora in vita avevano paura di morire senza aver lasciato testimonianza, e si facevano intervistare, parlavano coi nipoti, e poi iniziarono ad andare sempre più spesso nelle scuole e alle commemorazioni. E negli anni novanta, poco prima che voi nasceste, uscirono due film importantissimi, che avete visto sicuramente."

Questa volta è Andrea ad alzare la mano, di fianco a Francesco.

Se non fosse un gesto troppo brusco che attirerebbe ancora di più l'attenzione di tutti, Francesco sprofonderebbe di nuovo nel cappuccio. Francesco lo sa che Andrea è un grande divoratore di film. Andrea sa tutto, anche quelle cose che di solito chissenefrega: quando sono stati realizzati, chi li ha scritti, quanti spettatori li hanno visti. Tutto. È una specie di malattia, ed è la ragione per cui Francesco conosce Andrea. L'estate scorsa si erano trovati a un torneo di calcio, e dopo avevano cazzeggiato un po' insieme e si erano messi a parlare di film e di serie tv. Andrea ci stava troppo dentro, con quel cespuglio nero in testa che sembrava un cantante afro, Francesco lo avrebbe ascoltato per ore. Un WikiAndrea sempre a tua disposizione, anche se hai finito i giga del mese.

"*Schindler's List*, 1993, e *La vita è bella*, 1997, prof!" declama Andrea prima che lei gli dia la parola. Poi, sotto il banco, si fa battere il cinque da Francesco che, imbarazzato, esegue.

"Andrea, non ci stupisci più. Giusto. L'anno italiano della Shoah fu il 1997, quando oltre dodici milioni di spettatori videro *Schindler's List* in tv. Lo videro le nuove generazioni di allora, quelle che avevano sentito parlare della Shoah quasi solo nei racconti dei nonni e leggendo il *Diario* di Anna Frank e *Se questo è un uomo* di Primo Levi.

Alla fine dello stesso anno uscì al cinema *La vita è bella* che quattro anni dopo fu visto in tv da sedici milioni di spettatori, molti dei quali, di nuovo, giovani. Era il 2001, il primo anno in cui nel nostro paese si celebrava il Giorno della Memoria. Che impatto può avere avuto, secondo voi?"

Alessia, la ragazza che aveva alzato la mano prima, interviene, mentre Andrea dà di nuovo di gomito a Francesco, che non ne può già più.

"Posso dire una cosa, prof? *La vita è bella* io l'avrò guardato quaranta volte, e mi commuovo sempre come se fosse la prima."

A Francesco viene quasi la nausea. Va bene, anche se puoi pensare che è solo un film, è un film che fa piangere: non lo ammetterebbe nemmeno sotto tortura, ma quando l'ha visto anche lui aveva il "polpo alla gola" come direbbe Zerocalcare. Questa storia del papà che fa finta che sia tutto un gioco per salvare il bambino dallo sterminio un po' commuove, è vero. Però, dai, 'ste cose non si dicono a scuola, pensa, ci sono delle distanze di sicurezza da rispettare, con gli adulti. Francesco vorrebbe poter tornare indietro, almeno nella Vecchia Scuola c'era un nemico comune: gli insegnanti. Avevano vinto loro, a dicembre, e lui aveva dovuto cambiare aria, perché una volta gli erano scappate un paio di risposte ad alta voce. "Vada a farsi ******," aveva detto a quella di matematica. Però le aveva dato del lei, almeno.

"Quello che credo," aggiunge la prof, "è che l'istituzione del Giorno della Memoria sia stata una grande opportunità, ma il rischio che stufi noi e voi è altissimo. A maggior ragione ora che non ci sono quasi più sopravvissuti."

Però, almeno questa prof riflette, prima di parlare... Francesco non ha paura di dire quello che pensa, ma nel dubbio lo tiene per sé. E per lui tutta questa faccenda è un po' una montatura. Il Giorno della Memoria è un giorno come un altro: un minuto di silenzio.

"Quello che voglio dirvi prima dell'incontro che faremo in classe lunedì prossimo è che a partire dal 2001 dei ragazzi che avevano più o meno la vostra età iniziarono a scegliere di diventare dei militanti della memoria. Ognuno ci arrivò a suo modo, a occuparsi di memoria. Vi farete la vostra opinione su come lo fanno: siete grandi abbastanza per giudicare da voi. Io penso solo che sarà un'esperienza che ci darà occasione di riflettere su temi profondi. Prima, durante e dopo il nostro viaggio."

6.

Ma di che diavolo sta parlando la prof Ancora-non-so-il-tuo-nome? grida dentro di sé Francesco. Quale viaggio?!

Di colpo collega questo momento alla discussione della mattina con sua madre.

"Vedrai che sarà un'esperienza arricchente che non dimenticherai mai," aveva detto lei.

"Ma che ***** stai dicendo, Ma?" aveva risposto lui, dimenticando la diplomazia che lo faceva spesso stare a galla nelle discussioni con lei. Aveva detto "*****" e questo significava che aveva passato un confine per i suoi inaccettabile, quello del "linguaggio scurrile da scaricatore di porto".

"Sto andando in una scuola nuova, cosa c'è di così arricchente? Non pensi che potrebbe essere persino peggio della Vecchia Scuola? Tu non sai cosa significa ricominciare da capo!" avrebbe voluto dirle, ma aveva cambiato strategia all'ultimo. Meglio troncare il discorso, quando si riesce. E aveva solo aggiunto: "Non c'ho voglia di studiare, e non ce l'avrò mai! *************".

Così, più che altro per continuare a giocare il ruolo del ribelle che ormai gli avevano disegnato addosso. Ok, aveva esagerato, non si dice "*************" davanti ai genitori. Comunque, era andata così. Poi si era chiuso nel "suo mondo" (li sentiva, i suoi, quando mormoravano agli amici, a cena: "Siamo preoccupati per Francesco. Sembra che non gli interessi niente se non piazzarsi davanti uno schermo a smanettare. È sempre lì, nel suo mondo").

Ora Francesco connette la discussione che l'aveva fatto arrivare quasi in ritardo con questo momento. La collega con questa storia del viaggio, uscita come un coniglio dal cilindro della prof che non ha un cilindro e neanche ancora un nome.

Stai a vedere che l'esperienza arricchente è un viaggio con questi perfetti sconosciuti, pensa. Certo che non lo dimenticherò mai... sarà un incubo.

La voce della prof lo strappa ancora una volta dai suoi pensieri.

"Martina, tu che hai conosciuto questi ragazzi più grandi di voi... come ti è venuto in mente di proporre il viaggio al consiglio di classe?"

Francesco strabuzza gli occhi: ma è una congiura? Cioè: è lei che ha organizzato tutto?

Guarda in direzione di Andrea, cercando complicità.

"L'ha proposto Martina, sì," gli sussurra Andrea, ma dalla sua faccia Francesco non capisce se è contrariato o se ci tiene, a fare questo viaggio.

No, non può riguardare anche me, pensa Francesco, sono tutte paranoie: sono appena arrivato, mia madre non può avermi fatto questo. I patti erano chiari: Scuola Nuova, tranquillità, raddrizzare i voti, passare per il rotto della cuffia in quarta, poi si vedrà.

Martina si alza in piedi, con aria saccente. Poi risponde alla prof, dicendo in un solo respiro, come se lo stesse scrivendo: "Ci terrei tanto a partecipare perché credo che sia un'esperienza formativa importante, anche per me come persona. Penso che le emozioni che vivrò non le proverei nemmeno leggendo cento libri e partecipando a cento conferenze sull'argomento. Conosco delle persone che negli anni passati hanno partecipato a questo viaggio e mi hanno detto che non si può raccontare: si può solo vivere. E io sono d'accordo. Le esperienze più forti, toccanti e profonde non si esprimono per parole, ma per sensazioni. Voglio veramente capire cosa è accaduto perché solo così non potrò dimenticarlo e così non ripeteremo gli errori del passato. E per farlo, come ho già detto, devo vivere la cosa in prima persona. Non leggerla, non ascoltarla: viverla. Ci tengo veramente tanto, anche se so che torneremo più... tristi".

E aggiunge, dopo una pausa di quelle che fanno i personaggi dei film prima della frase che cambia il ritmo del racconto: "È difficile ricordare ciò che non riusciamo nemmeno a immaginare. Ma è doveroso provare".

Andrea dà una ginocchiata alla coscia di Francesco, perché si riprenda. È con la bocca spalancata che guarda Martina come se fosse un'aliena.

7.

"Certe cose sono tue e basta, Ma! Non lo capisci, che fare un viaggio con degli sconosciuti è tipo il Mostro Di Fine Livello?"

"Il *cosa*?" gli risponde sua madre.

"Il Mostro Di Fine Livello, il Mostro Di Fine Livello!!! Quello che c'era nei videogiochi preistorici a cui giocavate voi, quello che è impossibile da battere! Non avevamo detto che nella Scuola Nuova sarei stato tranquillo a cercare di portare a casa il risultato?"

"Portare a casa il risultato...? Ma come parli?"

Sua madre è certamente sotto shock: da mesi Francesco non ha messo così tante parole di fila in una stessa frase. Ma lui si sente davvero tradito da lei, e sa che quando arriverà suo padre, all'ora di cena, non sarà così facile tenere alto il livello dello scontro.

"Avresti potuto almeno parlarmene, Ma! Dirmi: 'Guarda, sai che ti spedisco ad Auschwitz con ventidue sconosciuti?'." Gli fa un po' paura anche Auschwitz, ma questo Francesco non lo ammette. "Anzi no, che dico? con settecento sconosciuti, perché poi con quei ventidue sconosciuti devo salire su un treno dove ci sono altri settecento sconosciuti. No, dai, questo è il Grande Tradimento Genitoriale. Mi hai incastrato, perché se non ci vado farò ancora più fatica ad ambientarmi, diventerò Quello Nuovo (qualcuno-si-ricorda-come-si-chiama?)."

Sua madre si limita a guardarlo, con una specie di sorriso pieno d'affetto che però adesso a Francesco ricorda quel mezzo ghigno che c'era sulla faccia del tizio con le cuffie al suo processo, Eichmann o come diavolo era il suo nome. Che, tra parentesi, poi venne condannato a morte.

Grazie, Google.

"Pure i compiti, c'ha dato," borbotta Francesco prima di chiudersi "nel suo mondo" che, in questo caso, coincide perfettamente con camera sua.

Demo

1.

Alla teoria Francesco ha sempre preferito la pratica. E vuole fare i compiti entro sera: questa settimana ci si allena tutti i giorni, il mister sta puntando tutto sulla penultima partita di febbraio. Le prossime dovrebbero essere facili, e poi ci sono quelli del River Bosco, sempre alle calcagna, rognosissimi. Francesco è il più giovane della prima squadra, e non è da escludere che il mister lo metta in campo dal primo minuto, se si allena sodo: per ora ha fatto due gol nelle ultime quattro partite.

La prof ha detto che avrebbe mandato una mail a tutti con un compito per il prossimo incontro. Si è anche presentata, alla fine della prima ora, senza mettere Francesco in imbarazzo davanti a tutti con frasi del tipo "Questo è Quello Nuovo di cui vi ho parlato, il ragazzo che si unisce a noi per il secondo quadrimestre. Facciamogli un caloroso applauso di benvenuto". Francesco ha apprezzato: l'ha scampata, in fondo. L'imbarazzo è arrivato poi l'ora successiva.

Comunque, la prof di storia Che-adesso-ha-un-nome-ma-non-importa-quale gli aveva poi chiesto il suo indirizzo e-mail e un paio d'altre cose sulla Vecchia Scuola, sui programmi e quella roba lì.

Lui non le aveva detto della tabellina dell'undici, né lei gli aveva chiesto altro.

Francesco accende il pc.

Un file jpeg allegato alla mail.

Ciao ragazze e ciao ragazzi,

per lunedì prossimo vorrei che, a partire dalla fotografia che vi allego, scriveste un breve testo nella forma che volete. Una lettera, qualche pagina di diario, un racconto. Usate la fantasia, liberate i pensieri che vi provoca. Le uniche informazioni che dovete sapere sono scritte sulla foto. Anche se il testo sarà breve andrà bene lo stesso. Ci vediamo giovedì, ricordatevi di ripassare che andremo un po' avanti anche con il programma.

Buon lavoro :-)

A guardare quella foto in bianco e nero, Francesco rimane di sasso.

Cinquanta, forse più di cinquanta, persone con il braccio teso e la mano aperta. Il saluto nazista. E, più o meno in mezzo alla foto, un uomo che sembra altrove. Le sue braccia non sono come quelle degli altri. Sono incrociate, come in segno di sfida.

In basso a destra, sulla foto, c'è una didascalia.

"Amburgo (Germania), 1936."

2.

Se qualcuno gli avesse chiesto a bruciapelo qualcosa del tipo: "Pensi che in Germania al tempo del nazismo ci fosse qualcuno che aveva il coraggio di opporsi?", Francesco probabilmente avrebbe risposto, dopo una breve esitazione: "...sì, certo".

Certo, perché non dovrebbe esserci stato qualcuno?

Francesco conosce solo a grandi linee, sempre per via dei film e delle cose che ha interiorizzato chissà come, la storia del Terzo Reich di Hitler, che incomincia nel 1933 – tabellina! – e prosegue indisturbata fino alla fine della seconda guerra mondiale, nel 1945 (e non 1944). Dodici anni di storia all'insegna della repressione di chi la pensava diversamente oppure era considerato inferiore per le più assurde ragioni. Forse non la direbbe proprio così, Francesco, ma gli è chiaro il fatto che sotto il nazismo si potesse finire male per via di quello che *si era considerati*, e dunque per il solo fatto di esistere – come gli ebrei, gli omosessuali, i disabili, gli "zingari" – o per via di quello che *si faceva*, come opporsi. E se si era considerati nemici: botte a non finire, campi di concentramento, sterminio (Ma da quando?, fin da subito? Francesco di questo non ha idea, e la tabellina non lo aiuta).

Dire "No, sai che c'è, non sono d'accordo" non doveva essere stato per niente facile.

Non ci avevo mai pensato, riflette Francesco, non avevo mai pensato al fatto che qualcuno che ebbe la forza per farlo ci fu, è ovvio. La difficoltà di un gesto non può renderlo impossibile, si dice, e chissà se è una questione di carattere o che altro. Dipenderà anche da quanto uno capisce di quello che gli succede intorno, no? Perché noi ora sappiamo tutto o quasi, ma quelli che vivevano quando c'era il nazismo cosa ne sapevano? Conoscevano i dettagli di quello che stava capitando?

Quanto coraggio ci voleva per dire "sai che c'è, andate a farvi *******" come lui aveva fatto con quella di matematica, nella Vecchia Scuola? Perché la vita, discorsoni a parte, era ed è per tutti, nelle grandi e nelle piccole cose, una lotta quotidiana. Francesco ne sa qualcosa, e lo pensa ricordando quella sensazione senza nome che cercava di mettere con la testa sotto il cemento, stamattina. E nel ricordarla la rivive e si sente già alla fermata, domattina alle sette e qualcosa, quando si ritroverà tra la pancia e il petto quella roba lì, un po' diversa perché inizia ad avere qualche riferimento, ora: Andrea è un grande; il ragazzone nel barattolo di marmellata si chiama Alessandro ed è un patatone mondiale anche se prende appunti; quell'altro che ha detto "Negli anni settanta", Matteo, è uno sbruffone sfigato e cercherà di evitarlo; Alessia è una ragazza impulsiva e in fondo trasparente come l'acqua, e comunque il fatto che piaccia ad Andrea gliela rende come minimo una ok; Martina ha una spocchia che lasciamo perdere. Vabbe', che gli piacciano o meno, tutti i suoi compagni hanno almeno un volto, ora, certi hanno anche già un nome, e qualcuno si è persino presentato a Quello Nuovo.

Cioè Francesco, che è riuscito a rendersi un po' misterioso, stamattina a scuola, e che ora è qua a chiedersi come mai non ci ha mai pensato prima, a questa ovvietà. È magnetica, la foto con la didascalia "Amburgo (Germania), 1936" che rimane immobile sullo schermo del suo pc.

Perché c'è quest'uomo con le braccia conserte che ha gli occhi leggermente strizzati al sole – o almeno alla luce del giorno: dal bianco e nero non si capisce se c'è il sole – e perché una decina di uomini e una donna intorno a lui sembrano completamente in balia del loro braccio teso nel saluto nazista. E perché Francesco si trova a pensare che quest'uomo con gli occhi semiaperti non può avere idea che un'altra persona – uomo o donna –, a qualche decina di metri da lui, lo sta fotografando.

3.

Di sicuro lei gliel'ha sussurrato, quando gli stava passando i piatti per apparecchiare in fretta, di sicuro ha detto a suo padre: "Chiedigli com'è andata alla Scuola Nuova". Fatto sta che Francesco ora deve improvvisare una risposta che tronchi la discussione.

"Tutto a posto, normale," dice a suo papà.

L'hanno aspettato fin quasi alle otto, e i suoi lo sanno che Francesco deve mangiare leggero e in cinque minuti, perché alle 20.30 spaccate il mister comincia a metterli sotto. L'allenamento sarà soft, per sgranchire le gambe dopo la partita di ieri, e per rimettere in sesto la muscolatura in vista della prossima. Lunedì, mercoledì e venerdì senza palla, martedì e giovedì allenamento vero e sabato riposo. Loro, i suoi, non sono mai andati a vederlo giocare da quando non è più un bambino, ma per Francesco è meglio così: è indipendente (il 15 lo porta davanti all'ingresso del campo) e i genitori non gli servono praticamente a niente, se non per ottenere il permesso di uscire, dopo.

In ogni caso, il lunedì di solito non può uscire, ma deve filare a casa dopo la doccia se si allena e restare in prigione se no. E negli ultimi mesi ha imparato che il lunedì a volte i suoi sono intrattabili, e se lascia perdere questa battaglia può aver vinta la guerra, cioè uscire tre o addirittura quattro sere su sette. Il suo schema preferito è martedì, giovedì, venerdì e sabato. Il martedì se ne sta con i suoi compagni di squadra, ma lui è uno dei più giovani e cerca sempre di tornare entro mezzanotte. Il giovedì e il venerdì li passa con alcuni suoi compagni della Vecchia Scuola alla bottiglieria che c'è sul lungofiume, e il sabato – che ci sono in giro anche i bambini – si svacca sulle panchine del parco che c'è dietro casa di Kappa, che è qualcosa come il suo migliore amico. Kappa non è il suo vero nome, ma da un po' di tempo vuole che tutti lo chiamino così – K. – perché è il tag con il quale sta tappezzando i muri del quartiere. Per fortuna non gli chiede quasi mai di accompagnarlo, perché non è che Francesco disapprovi, ma ha paura che alla lunga Kappa sarà da ricoverare: dice che fare il writer lo rilassa ma in realtà sta diventando un'ossessione che lo fa più che altro sclerare, 'sta storia del suo nickname sui muri, come quelle serie tipo *Lost* che non finiscono mai.

Kappa ha fatto un calcolo: tra quattordici anni non ci sarà un solo isolato del centro senza il suo tag, e lui inizierà a essere famoso come Banksy o come Obey, gli street artist più fighi del mondo. Se Francesco prova a farlo ragionare, dicendogli che quando avranno trent'anni avrà smesso di girare con le bombolette dopo mezzanotte, e avrà un capo e un lavoro e dei figli e quelle robe lì, Kappa gli risponde che lui vecchio non vuole diventare, salta giù dalla panchina, offeso, e se ne parte in bici con il suo spray blu nello zaino. E la questione si chiude.

"K.?"

(Ah, sì, anche la madre di Francesco lo chiama così, ora. Questo li fa sempre ridere, quando sono appollaiati sulla panchina.)

"Boh, lo vedo forse giovedì, o venerdì," risponde Francesco buttando giù l'ultimo boccone di riso in bianco. "Ora vado, Ma."

"Ciao, Franci," gli dice suo padre quando lui, con la borsa del calcio a tracolla, è già arrivato alla porta.

Quanto non sopporta essere chiamato ancora Franci come se avesse undici anni. Non sbatte la porta, ma non la chiude neanche piano. Non "la accompagna", come vorrebbe suo padre, per fargli capire che ha sentito benissimo.

4.

Che poi i giorni e le sere spesso scivolano via veloci, quando hai quasi sedici anni, e così per Francesco vola il martedì e vola il mercoledì, e quella sensazione sgradevole inizia a placarsi ogni mattina un po' di più, e la sera comincia gli allenamenti tremando dal freddo e poi suda via tutto quello che sta succedendo nella Scuola Nuova. Le poche pagine che gli hanno dato da studiare per le materie scientifiche le ha lette distrattamente, il compito sul tizio con le braccia incrociate della prof Della-quale-ora-so-il-nome l'ha fatto, ma è pronto a mangiarsi il foglio se lei dovesse chiedergli di leggerlo in pubblico. Adesso, più che altro, sta cercando di orientarsi nella giungla della classe. I prof può sempre tenerli a bada, studiando per le verifiche.

L'importante è non fare cazzate.

Con Andrea stanno diventando davvero amici. Ogni giorno lui vede un film nuovo, e ha adottato un metodo infallibile – perché quando finirà la scuola vuole fare il regista o lo sceneggiatore –, che consiste nel vedere una sera un classico, di dieci o venti o anche cento anni fa, e la sera dopo un film recente "per essere aggiornato". Francesco si sta gradualmente affezionando a questo modo buffo che ha Andrea di parlare, raschiandosi il cespuglio che ha in testa come se avesse i pidocchi: a volte sembra che scimmiotti gli adulti, poi ridacchia e ne spara una in fila all'altra manco fosse ancora in terza media e racconta quello che fa e che i suoi non dovrebbero mai sapere perché i suoi non sono mai a casa (per cui lui ne fa veramente di ogni), e presto lo inviterà a farsi una serata cine. Ora è infognato con questi film che adesso vanno un po' di moda tipo *Divergent* e *Hunger Games*. Anche Francesco li ha visti con Kappa, una sera che prometteva tempesta di neve e che non voleva pensare a niente, e non ha ancora capito se gli piace o meno questa faccenda di ragazze del futuro che devono salvare il mondo e l'umanità da se stessa. Con Andrea, comunque, si sono promessi che si faranno una maratona dei primi sei episodi di *Star Wars*, un grande classico. I suoi lo controllano come la security, su 'sta cosa del dormire fuori, ma magari una notte riuscirà a strapparla.

Alessia e Martina, poi, nell'intervallo sono quasi tollerabili, per essere in piena fase Mi-sento-una-donna-ormai. Di Alessia, Francesco crede di potersi fidare, Martina invece lo irrita: parla solo quando è sicura di non sbagliare, e lui vorrebbe prima o poi farle rimangiare una delle sue certezze, ma non ci riesce mai. E quando lei cerca di impressionarlo lui annuisce svogliato, aspettando che la campanella suoni.

Non è che si ricordi già i nomi di tutti gli altri compagni, ma di alcuni sì. E il fastidio che prova per Matteo – il suo l'ha imparato subito – inizia ad avere delle ragioni. Innanzitutto è più grande di loro: è stato segato e questo di per sé non è un problema, anzi, se non fosse che sta sempre lì a fare l'arrogante con gli insegnanti come se fosse una battaglia personale per ottenere visibilità, e non che agli insegnanti bisogna fare la guerra e basta. E poi si fa la barba quasi tutti i giorni, Matteo, e basterebbe questo a renderglielo antipatico.

Poi c'è Alessandro, il gigante, che ha delle mani che sembrano dei ventilatori ricoperti di pelle e dita, ma non le userebbe mai contro nessuno. E, Francesco l'ha notato, Matteo lo stuzzica, lo provoca. Non ha ancora capito perché, ma quando si appoggia al muro aspettando che la campanella strilli che bisogna tornare su, mentre Martina blatera e Andrea cerca di fare colpo su Alessia, Francesco, raggomitolato su se stesso per il vento di gennaio, lo guarda senza farsi notare, passandosi la mano sui capelli rasati.

Ti tengo d'occhio, Matteo, pensa.

5.

Allora, la questione è più seria del previsto.

Dopo l'ora di educazione fisica Francesco non ha fatto in tempo a sprofondare nel banco con i muscoli ancora tesi dall'allenamento senza palla di ieri – quante ripetute, quanti gradini – che la prof Non-sapevo-il-tuo-nome sta passando tra i banchi con uno sguardo indecifrabile e sta distribuendo dei fogli.

"È una specie di test," dice.

Francesco freme di rabbia, si sente davvero tradito come si era sentito tradito dai suoi per la faccenda del viaggio con un miliardo di sconosciuti. Non ammetterebbe mai che questa prof quasi gli stava piacendo, ed ecco, subito a doversi rendere ridicolo. La coda del suo occhio destro scorge Matteo che sogghigna guardando Alessandro. Con il suo foglio tra le mani è diventato viola di imbarazzo, stretto nella sua postazione che a Francesco sembra che il banco possa da un momento all'altro volare come il tappo di una bottiglia di birra e sfracellarsi sul soffitto.

Vai a farti *******, pensa Francesco tra sé, questa la pagherai, prof.

Andrea gli dà un calcio sul lato del polpaccio come a dire "Togliti quella smorfia dal muso, che ti becca". La classe, fino a un secondo prima silenziosa, si riempie di un brusio di parole masticate che Francesco non riesce a decifrare.

La prof arriva dove sono seduti loro e, accennando una specie di sorriso imbarazzato, molla i fogli sui banchi e prosegue il giro. Francesco prende in mano il suo A4, e si sente un imbecille.

C'è solo una parola, in mezzo al foglio.

Una parola, circondata dal nulla.

"Auschwitz."

6.

"Ora, ragazzi, scrivete su quel foglio le prime parole che vi vengono in mente, d'istinto."

Qualche minuto dopo, la prof scrive alla lavagna quelle nove lettere – A U S C H W I T Z – e dice che ora, "in ordine o un-po'-come-vi-pare" devono leggere quello che hanno appuntato intorno.

Parlano tutti, uno dopo l'altro, e le parole che Francesco ha scritto sul suo vengono dette cinque, sei, sette volte l'una.

"Freddo."

"Neve."

"Bianco e nero."

"Lo vedete?" commenta la prof. "Voi avete l'immagine di Auschwitz in bianco e nero e in modalità invernale perché esiste il Giorno della Memoria, che in Italia è stato fissato il 27 gennaio perché è il giorno in cui l'esercito sovietico ha liberato i pochi prigionieri rimasti, con i nazisti ormai in fuga. Ma Auschwitz è stato aperto per anni, anche in autunno, in primavera, in estate. Si moriva anche di caldo, laggiù."

I suoi nuovi compagni continuano a leggere.

"Filo spinato."

"Camere a gas."

"Hitler."

"Un treno... e i binari."

"Violenza."

La prof scrive alla lavagna tutte queste parole che si rincorrono e Francesco sul suo foglio ha scritto "neve" e "grigio" – che in realtà voleva scrivere "bianco e nero"–, e ha scritto "schiavi"...

"Sfruttamento," dice Martina, con il tono di quella che ha detto la parola più intelligente.

Francesco intendeva questo, e ora non lo può più dire, e ormai hanno detto quasi tutti le loro parole, c'è chi ha detto "ebrei" e chi "SS", Alessia ha detto "pigiama a righe", Andrea dice il titolo di un altro film che nessuno conosceva – "*Shoah* di Claude Lanzmann, 1985!" – e poi gli sussurra: "Dura più di dieci ore! Ma non l'ho visto, negli anni ottanta ci sono classici più importanti, come *Ritorno al futuro*".

Ma Francesco non ride perché tra poco gli occhi saranno tutti su di lui, Quello Nuovo, ma manca ancora Matteo che dice "niente" e non dice "niente" come a dire Il Nulla della *Storia infinita* che si legge da bambini, dice "niente" come a dire "boh" e Francesco davvero non capisce perché Matteo provochi la prof che invece scrive alla lavagna "niente" come se fosse un parolone. L'ultima parola che Francesco ha scritto, e che è l'unica delle sue che non ha ancora tirato fuori nessuno, non vuole dirla, non vuole non vuole non vuole. Poi un paio di compagne di quelle che sembrano mute e uno mezzo sfigato bofonchiano "Le mie le hanno già dette" e Francesco è talmente concentrato sul cercare una via di fuga, una parola che non ha scritto e che dovrebbe inventare al volo ma che non gli viene in mente, che non si accorge che manca anche Alessandro, il gigante della marmellata, che dice a voce talmente bassa che sembra un pensiero: "Io non sapevo cosa scrivere, prof".

Sembra che lei stia per rispondere qualcosa di incoraggiante, quando Francesco sente Matteo sibilare, rivolto ad Alessandro: "E allora tornatene a casa tua". Lo sibila proprio, come farebbe un calabrone se potesse parlare e se avesse dei denti attraverso cui sibilare.

La prof non ha sentito, ma Francesco sì. Vede che Martina, che è seduta a un metro da Matteo, abbassa gli occhi a guardarsi gli stivaletti neri e, imbarazzata, si passa una mano sulla spalla, sotto il maglione. Francesco si gira di scatto verso Andrea che gli scrive su un foglio, tentando di spiegare quello che è appena successo: I SUOI SN RUMENI MA ALESSANDRO È NATO QUI.

"Non importa, Alessandro, ora ne parliamo," dice la prof.

Francesco vorrebbe ribaltare il banco contro Matteo dalla rabbia che si sente nelle braccia, ma adesso mancano solo lui e un altro, e nella classe è sceso un silenzio pazzesco. Sembra che l'unica a non aver sentito Matteo sia la prof, e in più l'altro che ancora non ha detto le sue parole sta zitto come se temesse di dire una formula matematica al posto di qualcosa su Auschwitz.

Ci sono cose che non si possono dire, ci sono cose che non si possono dire, si ripete Francesco come a voler fermare le sue labbra che però sembrano andare per conto loro, e mentre sente tre gocce di sudore percorrergli il fianco graffiato dalla scivolata di ieri sera, mentre sembra che il silenzio esploda nelle sue orecchie, le cinque lettere gli escono dalla bocca come se avessero deciso di farsi un giro in classe, da sole, come se non appartenessero più alla sua penna e al suo foglio.

PAURA

7.

Gli occhi lucidi no, *****.

Francesco regge lo sguardo della prof Non-avevo-un-nome per un paio di secondi.

Lo sa, che lei non ha colpe e che in questa situazione di merda ci si è messo da solo. Lo sa, ma se ne sbatte. Tre giorni e un'ora di scuola a giocare la sua partita, a giocarsela anche bene, e poi come un imbecille a tirar fuori l'unica-parola-che-dovrebbe-essere-proibita-per-legge-dai-vocabolari. Se non ci fosse stata lei con i suoi compiti idioti, lui ora non sarebbe così con tutti gli occhi addosso e a immaginare – perché non li sta guardando, eh – i suoi nuovi compagni che ridono di lui. Quel posto, Auschwitz, non è che c'entri un granché con la sua paura, è più complicato di così, è più quello che rappresenta nella sua testa, forse dopo quello che è successo l'anno scorso di cui non è che Francesco parli, se non con Kappa.

Ora Francesco sta zitto ma medita vendetta, perché quella sensazione si è rifatta il percorso dalla pancia in su, come se si fosse svegliata e si fosse messa a stiracchiarsi per farsi largo. Ed è piazzata sul petto, i suoi piedi immaginari incardinati alla piastrella davanti al suo banco della III C della Scuola Nuova, e non se ne vuole andare.

Respira, Fra, e mantieni lo sguardo davanti a te. Non è successo niente, si dice, come se fosse il mister di se stesso.

8.

E poi, e poi entrano questi due che sembrano due rockstar.

Lui ha la giacca di pelle, i jeans a vita bassa e i capelli lunghi raccolti, una tracolla verde militare. Lei è in felpa e

Dr. Martens, due linee di trucco solo sugli occhi, quasi nascosti da una frangia castana. Hanno un'età indefinita: potrebbero avere venti come trent'anni.

Lui accenna un sorriso verso la classe, lei si avvicina alla prof salutandola con due baci come se fosse sua zia o chissà. Tra il bisbigliare dei suoi compagni, Francesco non riesce a sentire cosa si dicono. Il tizio di venti o trent'anni si china sul pc che c'è a lato della cattedra, e chiede, rivolto in fondo all'aula, se qualcuno può tirare giù le tapparelle. Alessandro si scastra goffamente dal banco, ed esegue.

La prof spegne le luci. Rimane solo quella del proiettore.

"C'era una volta, nella Francia occupata dai nazisti..."

La musica sembra quella di una fiaba, lo schermo nero si schiarisce e c'è un uomo su una collina, in fondo all'inquadratura, che taglia della legna con un'accetta.

Stonc, stonc, stonc.

In sovrimpressione, una scritta:

"1941".

Ora la scena si vede dall'alto della collina. L'uomo continua, una ragazza stende dei panni. Un rumore di motori in lontananza la distoglie dal suo lavoro. Una musica di pianoforte.

Il cespuglio di Andrea si avvicina a Francesco, che sente sussurrare: "Ennio Morricone! Uno dei più grandi compositori di colonne sonore della storia del cinema...". Francesco lo guarda stordito come a dire "E tu come ***** fai a saperlo?".

Nel video, la ragazza scosta i panni stesi e dice: "Papà!".

L'uomo, parlando in francese, manda dentro casa il resto della famiglia che si vede appena sullo sfondo e chiede a lei di portargli dell'acqua. Sembra un duro, con quella barba e il corpo coriaceo della campagna. Ma non è tranquillo, e sembra gridarlo la telecamera che scruta il suo volto. Il contadino manda dentro anche la figlia, dicendole: "*Tu cours pas, eh*" – non correre, eh.

Sembra sapere il fatto suo. Poi si sciacqua la faccia e il petto come prima dei supplementari di una finale, lo sguardo concentrato. Il rumore arriva ai piedi della collina, e sono quattro uomini in divisa: una macchina e due motociclette di quelle di una volta.

Il signore che si avvicina al contadino si presenta: Hans Landa, colonnello delle SS.

E gli chiede di farlo entrare in casa sua.

9.

Nella casa di monsieur LaPadite – così si chiama, il contadino – c'è la sua famiglia, e cioè tre figlie che avranno l'età di Francesco e dei suoi compagni. Il colonnello delle SS si presenta alle ragazze, poi LaPadite gli offre del vino, che lui rifiuta: preferisce il latte. Si respira un'atmosfera di tensione, anche se Hans Landa è cordiale. E con gentilezza chiede al contadino di fare uscire le figlie dalla stanza perché vorrebbe discutere in privato.

LaPadite obbedisce.

I due uomini parlano ancora francese, poi l'SS chiede di poter cambiare lingua, e di colpo iniziano a parlare in italiano – Francesco immagina che nel film non doppiato parlino in tedesco, o forse in inglese.

Andrea gli si avvicina di nuovo e gli dice: "È la scena iniziale di *Bastardi senza gloria* di Quentin Tarantino. Un mito. Il regista di *Pulp Fiction, Kill Bill...*".

"...shhh," gli fa Francesco, infastidito.

"Ho sentito che il Führer le ha affidato il compito di radunare gli ebrei rimasti in Francia..." LaPadite replica accomodante al colonnello Landa che gli chiede se gli hanno già parlato di lui "...ma il motivo della sua visita, per quanto piacevole sia, è un mistero per me. I tedeschi hanno perquisito la mia casa nove mesi fa in cerca di ebrei, senza trovare niente."

"Ne sono al corrente," risponde Landa. "Ho letto il rapporto su questa zona. Ma come in ogni impresa, quando arriva una nuova gestione è normale che ci sia un certo eccesso di zelo. Nella maggior parte dei casi è una perdita di tempo, ma deve comunque essere fatto. Ho solo qualche domanda, monsieur LaPadite. Se lei può assistermi con le risposte, la mia sezione chiuderà il fascicolo sulla sua famiglia."

C'erano quattro nuclei famigliari ebraici, nella zona, prima dell'occupazione, dice il colonnello SS a LaPadite. Tre sono stati individuati, uno no. È la famiglia Dreyfus, che sembra svanita nel nulla.

"Il che mi porta a concludere," aggiunge Landa, "che o sono riusciti con successo a fuggire oppure qualcuno è bravissimo a nasconderli."

LaPadite, accendendosi la pipa, risponde a quello che assomiglia sempre più a un interrogatorio: ha sentito dire che i Dreyfus sono riusciti a scappare in Spagna. Landa lo incalza, chiedendogli com'è composta la loro famiglia. LaPadite risponde che ci sono il padre, la madre, il fratello della madre e due figli: Amos, un bambino di nove-dieci anni, e Shoshanna, una ragazza di diciotto-diciannove circa. Il colonnello Landa trascrive su un foglio, come un impiegato dell'anagrafe, le informazioni che sta ottenendo.

"Ehm, non sono sicuro," borbotta LaPadite, che appare un po' spaventato, ora. L'inquadratura si allontana dai due uomini seduti al tavolaccio, scendendo sembra sfiorare i pantaloni di fustagno del contadino francese, e sbircia sotto il pavimento di legno.

Lì c'è una signora, con gli occhi spalancati e una mano sulla bocca. E vicino a lei, nascosti e in silenzio come lei, i suoi famigliari: i Dreyfus.

LaPadite, dunque, è un eroe.

"Bene, penso che sia tutto," dice Landa.

Prima di andarsene, il colonnello chiede un altro bicchiere di latte e fa ancora una domanda al contadino: "Mi dica, lei conosce il soprannome che il popolo francese mi ha dato?".

"Non mi interessano queste cose," risponde LaPadite versandogli il latte.

"Ma lei lo sa, come mi chiamano."

"Sì, lo so," LaPadite esita.

"E che cosa sa?"

"La chiamano... il cacciatore di ebrei."

Andrea fa per dire qualcosa a Francesco, che lo zittisce agitando il pugno della mano sinistra, agita il pugno e non la mano aperta perché si sta afferrando la manica della felpa con le dita. Nel film, il colonnello Landa incomincia un lungo discorso, nel quale paragona i persecutori (i nazisti) a falchi, e i perseguitati (gli ebrei) a ratti.

Qualcuno dei suoi nuovi compagni sembra ridacchiare, e la prof lancia uno sguardo di ghiaccio verso il centro dell'aula.

"...io non considero il paragone un insulto," specifica Landa. "Consideriamo per un momento il mondo in cui un ratto vive: è un mondo molto ostile. Se un ratto dovesse intrufolarsi dalla porta di casa sua, adesso, non lo accoglierebbe con ostilità?"

"Immagino di sì," conferma LaPadite.

"I ratti le hanno fatto qualcosa per creare l'animosità che sente nei loro confronti?"

"Diffondono le malattie. Mordono le persone."

"I ratti erano la causa della peste bubbonica, ma è successo tempo fa. Io penso questo: le malattie diffuse dai ratti possono essere diffuse anche dagli scoiattoli. È d'accordo?"

"*Oui.*" Sì, LaPadite è d'accordo.

"Eppure immagino che non nutra per gli scoiattoli la stessa animosità che ha per i ratti."

"No." LaPadite dà ancora ragione al nazista.

"Eppure sono entrambi roditori, no? E, a parte la coda, si somigliano perfino, no?"

"È un concetto interessante, Herr colonnello."

"Tuttavia, per quanto interessante possa essere il concetto, non fa la minima differenza con quello che lei prova. Se un ratto si intrufolasse dalla porta proprio ora, mentre sto parlando, le offrirebbe un piattino del suo latte squisito?"

"Probabilmente no."

"Io non credo proprio," chiude il discorso Landa. E aggiunge: "Non le piacciono, non sa bene perché non le piacciono, sa solo che li trova ripugnanti".

LaPadite ha sempre lo stesso sguardo, che sembra pregare che questa tortura possa finire, prima o poi. Il colonnello SS è rimasto educato, argomenta le sue riflessioni, gioca col tempo. Ovviamente vuole dire ben altro, e Francesco l'ha capito.

"Di conseguenza," prosegue Landa, "un soldato tedesco perquisisce una casa in cui sospetta si nascondano degli ebrei. Dove guarda il falco? Guarda nel fienile, guarda in soffitta, guarda in cantina, guarda ovunque lui" – Landa sottolinea il *lui*, come se fosse maiuscolo – "potrebbe nascondersi. Ma ci sono molti posti in cui a un falco non verrebbe in mente di nascondersi. E infatti la ragione per cui il Führer mi ha strappato alle mie Alpi in Austria, e mi ha portato nella campagna francese oggi, è perché viene in mente a me," dice, mettendosi la mano sul petto e avvicinandosi a LaPadite. "Perché capisco di quali imprese incredibili un uomo sia capace, una volta abbandonata la propria dignità."

Landa accende anche lui una pipa, più grande di quella del suo interlocutore.

LaPadite suda, sembra spaventato.

"Ora," prosegue l'SS, "il mio dovere impone che io faccia entrare i miei uomini in casa sua per condurre una scrupolosa perquisizione, prima di poter ufficialmente cancellare la sua famiglia dalla mia lista. E se ci saranno irregolarità riscontrabili – e ci saranno sicuramente... certo, a meno che lei non abbia da dirmi qualcosa che renda la perquisizione superflua."

L'inquadratura cambia, e Landa è in primo piano. Parlando, scruta intensamente monsieur LaPadite. Francesco sa che è solo un film, ma vorrebbe poter intervenire, urlare il suo sdegno. Sa benissimo che l'unico a non avere dignità in quella stanza è Hans Landa, e non certo i Dreyfus lì sotto.

"Potrei aggiungere," va avanti il colonnello, "che ogni informazione che renderà più facile lo svolgere del mio dovere qui non verrà ricambiata con punizioni. Anzi, al contrario, verrà ricambiata con... un premio."

Ora Francesco guarda il volto di LaPadite, che vorrebbe scappare altrove, svanire. Morire, forse. Ma sta semplicemente zitto ad ascoltare l'SS, che continua: "...e quel premio sarà che la sua famiglia non verrà più disturbata in alcun modo dai militari tedeschi per il resto della nostra occupazione nel vostro paese".

LaPadite sembra tremare, più che respirare.

L'orologio sul muro batte i colpi di una condanna.

tic

tac

tic

tac

tic

tac

tic

Lo sguardo di Landa si fa feroce.

tac

tic

"Lei dà rifugio ai nemici dello stato, vero?"

Francesco sente un brivido tra il collo e i fianchi.

LaPadite prova per un millesimo di secondo a guardare altrove, poi gli occhi si rabbuiano nell'espressione più triste del mondo.

"Sì," ammette con un filo di voce.

"Sono sotto le tavole del pavimento... vero?"

"Sì," dice LaPadite dopo un secondo che sembra un'ora. Lo sguardo è denso di lacrime.

"Mi indichi il punto in cui si nascondono."

LaPadite china la testa. Piange. E cede, obbedisce, denunciando i suoi protetti. Francesco ha un masso in gola. In classe non si sente un fiato. Landa fa un cenno verso l'esterno della casa.

I Dreyfus non hanno capito cosa si sono detti i due uomini, sopra le loro teste, in quella lingua che non è la loro. E la scena finisce come doveva finire: con i tre soldati tedeschi che entrano in casa e dall'alto crivellano di colpi di mitra la famiglia di ebrei sotto le assi.

"Adieu" è l'ultima parola di Landa, con la musica che sale senza riuscire a coprire il gracchiare degli spari.

“Addio.” Che idiota che ci ho creduto, che idiota, dice tra sé e sé Francesco mentre in classe si riaccendono le luci.

10.

Il silenzio è ancora ingombrante, nell’aula.

Matteo sta ostentando uno sguardo scazzato, ma persino lui sembra colpito, Martina si sta dando un tono con il collo rigido e lo sguardo fisso davanti a sé, qualcuno inizia a sussurrare a un volume poco più alto dei propri pensieri. L’unico che si direbbe non impressionato dalla lunga scena è Andrea, al fianco di Francesco.

“Ciao ragazzi,” esordisce quella con le Dr. Martens, rivolta a tutta la classe. “Io sono Elena e lui è Gianluca. Passeremo insieme un sacco di tempo, nelle prossime cinque settimane, noi conosceremo voi e voi conoscerete noi. Ci teniamo a cominciare questo viaggio con la scena che avete visto. Cosa ne pensate?”

Dopo qualche secondo di silenzio imbarazzato, la classe entra in una discussione accesa, intensa. La prof se ne sta in disparte, con le braccia conserte come il tizio della foto di Amburgo. Molti compagni intervengono, e Francesco, fingendo un’aria mezza abbioccata, ascolta.

C’è chi dice che il protagonista della scena è monsieur LaPadite, e che è e rimane un salvatore che non ha avuto altra scelta. C’è chi dice che è un traditore, un infame, e che avrebbe dovuto... – Ma avrebbe dovuto cosa? pensa Francesco, aveva forse alternative? – E c’è chi dice che non si possono giudicare situazioni come questa, perché un conto è rischiare la propria vita, un altro quella della propria famiglia. Secondo Alessia, poi, non si può dire in una parola cosa è stato monsieur LaPadite.

Dopo una ventina di minuti Elena fa notare: "Occhio, ragazzi, perché questa scena viene da un film di finzione, che è *Bastardi senza gloria* di Quentin Tarantino".

Andrea strizza un occhio rivolto a Francesco come a dire "Hai visto?".

Elena prosegue: "Naturalmente non è una scena vera in senso stretto, ma l'abbiamo scelta perché ci permette di guardare nel dettaglio quello che molti abitanti dell'Europa in guerra si sono trovati a vivere. Perché spesso era un attimo, decidere da che parte stare, sapendo o non sapendo quale rischio si stava correndo, cercando alibi per le proprie paure o non cercandone per poter avere coraggio. Ognuno di noi la può pensare come vuole: non siamo qua per dare dei giudizi ma per imparare a farci qualche domanda. A guardare la complessità, insieme".

"Perché per molti, nell'Europa di allora," aggiunge Gianluca, il ragazzo con i jeans a vita bassa, "era semplicemente troppo tardi. La palla di neve dell'intolleranza era diventata una valanga."

11.

"Molti di voi si aspettano un viaggio indimenticabile," dice Elena. "E noi vorremmo incominciare a conoscervi a partire dalle vostre aspettative. Dalle vostre speranze e dalle vostre paure."

Che ***** è, un'epidemia? pensa Francesco, che stava giusto iniziando ad abbassare le difese. Doveva proprio usare l'unica-parola-che-dovrebbe-essere-proibita-per-legge-dai-vocabolari? Si sente quarantaquattro occhi addosso, anzi millequattrocento, come se tutti quelli che dovranno fare quel viaggio lo stessero guardando, in contemporanea. Ma la verità è che non lo sta facendo nessuno, neanche

Matteo. Ognuno è intento a cercare di scoprire, dentro di sé, cosa si aspetta da un viaggio nel luogo diventato il simbolo dello sterminio nazista, e del male che l'uomo ha saputo rivolgere contro se stesso. Qualcuno ci avrà anche già pensato, suppone Francesco, lui no di certo. C'è la sopravvivenza nella Scuola Nuova, prima di tutto. L'essenziale è non mostrare i fianchi, per ora.

Elena e Gianluca chiedono di mettersi in cerchio, come se fossero ai boy scout o robe del genere, e distribuiscono dei post-it gialli per le aspettative positive, e verdi per quelle negative. Francesco scribacchia svogliato, appoggiandosi sulla schiena di Andrea, alcune parole a caso. Sta mentendo, almeno in parte, e lo sa benissimo.

+	–
VEDERE LA STORIA	FREDDO
IMPARARE DAGLI ERRORI DEL PASSATO	NON LO SO
DIVERTIRMI	

Quasi tutti i suoi compagni sembrano meno in soggezione di lui. In una manciata di secondi i post-it finiscono uno sopra l'altro in mezzo al cerchio. Francesco non riesce a vedere dove Andrea ha messo i suoi, e neanche quelli di Martina e Matteo, o di Alessandro. Riesce solo ad accorgersi appena in tempo di quello verde di Alessia, che è leggermente fuori dal mucchio, troppo spiegazzato perché possa capire che cosa c'è scritto.

Intanto Gianluca inizia a leggere i fogli gialli, prendendoli e lasciandoli cadere uno per uno, come foglie secche, ai suoi piedi. Misura le parole, guardando tutti negli occhi senza fissare nessuno in particolare. Francesco apprezza, si sente graziato.

"Trovarmi bene nel gruppo", "stare in una bella città", "toccare con mano quello che ho solo letto sui libri di storia", "provare emozioni forti", "non sentirmi sola", "non dimenticare", "conoscere nuove persone", "lavare la coscienza", "capire profondamente la questione", "passare del bel tempo nel gruppo", "crescere", "vedere la storia", "imparare dagli errori del passato", "divertirmi"... per un attimo le orecchie di Francesco non sentono più le parole che seguono il suo breve elenco appena letto da Gianluca, perché gli si congela il respiro.

Ha scritto "divertirmi" per fare lo sbruffone e bilanciare un po' quello che è successo prima, eppure finora è l'unico che ha scritto una cosa così superficiale. Ma i suoi nuovi compagni osservano concentrati Gianluca, che nel tempo che ci mette Francesco a riprendersi finisce i foglietti gialli e arriva ai verdi. L'ha passata liscia: neanche la prof ha fatto una piega.

Gianluca prende i primi due o tre e, abbozzando un sorriso quasi timido e legandosi i capelli, dice: "Farà freddo, sì, ragazzi, ma per quello basterà coprirsi. Vi promettiamo che vi riporteremo tutti a casa".

"Ci divertiremo anche," aggiunge Elena, facendo una specie di strizzata d'occhio intelligente. Poi diventa seria, ma non come diventano seri la maggior parte dei prof, e guardando vagamente verso Alessandro dice: "Staremo insieme, e questo conta più di ogni altra cosa".

Gianluca ricomincia a leggere: "Ho paura di quello che vedrò, so che sarà terribile, ma so anche che è un'esperienza che devo fare", "soffrire troppo", "non capire", "provare emozioni troppo forti", "non avere risposte", "la cattiveria dell'uomo", "freddo", "perdermi", "la sofferenza degli ebrei", "non trovarmi bene con gli altri", "avere paura", "i forni crematori", "non avere abbastanza vestiti per il freddo" (Gianluca sorride), "stare troppo male", "freddo", "non lo so"...

Questa volta Francesco non si accorge che sono stati letti i suoi due perché non riesce a smettere di guardare il post-it di Alessia che è lì, leggermente fuori dal mucchio.

Ecco, Gianluca lo prende: "Ho paura di non riuscire a provare niente," legge.

12.

"Ok, ragazzi, ora cominciamo a conoscerci un po' meglio e poi dedichiamo l'ultima mezz'ora a qualche immagine. Poi liberi tutti e ci vediamo giovedì, d'accordo?"

La classe annuisce, decisamente rilassata.

Nel giro di nomi, Francesco se la cava dicendo il suo, e il suo hobby preferito: facile, il calcio. Poi Elena attacca una striscia di fogli A3 sulla parete dell'aula dopo un cenno d'intesa con la prof Dal-nome-che-forse-non-diremo-mai, che non ha ancora aperto bocca da quando sono arrivati i due ragazzi di età indefinita. Tra gli ultimi fogli, Elena appende una foto di monsieur LaPadite che fuma la pipa, lo sguardo non ancora implorante. Gianluca infila una chiavetta nel pc della classe e sulla Lim appare un'immagine.

Intanto Elena scrive su un foglio nella prima metà della striscia: "1933".

La tabellina, pensa Francesco, come colpito da una scossa elettrica al cervello. Ma rimane appoggiato al banco, tirandosi il cappuccio a metà della nuca, sui capelli ispidi, fingendo un freddo che in classe non c'è.

Ancora una fotografia, in bianco e nero.

C'è un ragazzo in divisa, avrà diciott'anni o poco più, con un fucile tra le braccia. Davanti a lui sei uomini con le mani alzate. Di tre di loro si vede abbastanza bene il volto: uno sembra che trattenga il respiro, un altro fissa il vuoto davanti a sé con lo sguardo fiero, il terzo appare assente, e guarda forse addirittura nell'obiettivo, comunque verso chi gli sta scattando la foto.

"Questa foto è stata fatta all'inizio di marzo del 1933," dice Gianluca. "Sapete da quanto è al potere Hitler?"

La domanda sembra retorica, come quelle della prof.

Infatti, dopo qualche secondo, Gianluca continua: "Da poco più di un mese. Il fascismo governa l'Italia da undici anni, e vari altri movimenti che possiamo chiamare fascismi stanno scalpitando ovunque, in Europa: in Francia, Polonia, Portogallo, Lituania, Jugoslavia, Gran Bretagna... Tornando a questa foto, venne pubblicata su vari giornali, con didascalie sempre diverse. Di alcune cose siamo certi". Gianluca con mano sicura indica un punto della foto. "Questo ragazzo è un SA, il membro di un'unità paramilitare che all'inizio affiancò le SS nell'opera di consolidamento del potere nazista attraverso la repressione, ma che venne poi fatta fuori. La foto è quasi certamente in posa: lo possiamo capire dal fatto che questo ragazzo, poco più grande di voi, ha il berretto bene allacciato e tiene tra le braccia una carabina molto pesante come se non lo fosse. Guardate l'ematoma di quest'uomo che è stato fermato, e le mani sporche dei suoi compagni... ci fu quasi certamente un inseguimento o un pestaggio, prima dell'arresto, ma poi furono scattate almeno due foto, con calma. Lo vedete, l'alone del flash?".

Qualcuno annuisce.

"Ma abbiamo scelto di mostrarvi quest'immagine per una ragione ben precisa: fin da subito il regime nazista arresta decine di migliaia di oppositori politici, e gli uomini che vedete quasi certamente sono oppositori politici. Tedeschi."

Francesco ripensa alla foto dell'uomo di Amburgo, quello con le braccia incrociate, e alle domande che si era fatto su chi ebbe il coraggio di opporsi, in Germania, e su chi poteva mai avere scattato quella foto.

"Siamo proprio all'inizio della storia del Terzo Reich. Sapete dove finirono probabilmente questi uomini?"

"...nei campi di concentramento?" prova a rispondere una voce.

"Brava... Martina, giusto?"

Martina sorride annuendo, come se avesse vinto la Champions, o qualcosa più da femmine tipo i giochi del cellulare dove devi distruggere la frutta.

Elena, sotto la data "1933", scrive con un pennarello rosso: "Il partito nazionalsocialista prende il potere in Germania. Aprono i primi lager".

Poi Gianluca va avanti e fa vedere altre foto, e Francesco tra sé e sé si sente quasi un genio per la storia della tabellina, perché adesso per lui è più facile orientarsi.

"I primi campi di concentramento – Dachau e Oranienburg, e poi Sachsenhausen, Buchenwald, Mauthausen... – non solo non erano segreti, ma anzi erano ampiamente pubblicizzati," continua Gianluca. "L'obiettivo era azzerare l'opposizione interna, e la Germania nazista in gran parte ci riuscì, anche se non mancarono mai, mai, episodi di ribellione. Per cui, quando vi chiedete come si arrivò ad Auschwitz, pensate sempre anche a questo: si provò fin da subito a spazzare via il dissenso, a mettere a tacere chi non era d'accordo."

"E chi era d'accordo?" Matteo sussurra la sua provocazione idiota, ma Gianluca non lo sente.

"Prof, scusi, ma gli ebrei?" chiede un compagno (uno di quelli invisibili).

"Ehm," risponde Gianluca, "non chiamatemi prof, please."

Sulla Lim appare un'altra foto. C'è un ragazzo che avrà vent'anni – ancora un ragazzo! – in divisa, che sta per sparare alla nuca di un uomo inginocchiato sopra una fossa piena di cadaveri. Alle spalle del ragazzo ci sono una quindicina di suoi commilitoni. Francesco giurerebbe che uno di loro sta sorridendo.

"Avremo modo di riparlarne, ma la cosiddetta 'soluzione finale della questione ebraica', la Shoah, incomincia in maniera selvaggia, cioè non organizzata in maniera sistematica, con questi gruppi speciali, a partire dall'estate del 1941, e cioè quasi due anni dopo lo scoppio della seconda guerra mondiale. Più di otto anni dopo la presa del potere di Hitler. Certo, gli individui considerati 'di razza ebraica' iniziano fin da subito a essere messi in difficoltà, e perseguitati duramente a partire dalle leggi di Norimberga del 1935. Poi in molti vengono internati nei campi di concentramento in particolare a partire dalla Kristallnacht, la notte dei vetri rotti, fra il 9 e il 10 novembre 1938, in cui vengono dati alle fiamme migliaia di negozi gestiti da ebrei in un pogrom apparentemente spontaneo ma in realtà organizzato dagli uomini di Hitler. E a decine e decine di migliaia vengono invitati o costretti a emigrare, a fuggire. All'idea e alla pratica dello sterminio si arriva pian piano. Ordini dall'alto e spirito di iniziativa dal basso."

Francesco non riesce a staccare gli occhi da quelli dell'uomo che sta per morire, e non ha idea di cosa si possa pensare in un momento del genere.

Gianluca continua: "Ricordatevelo sempre: quella non era un'Europa democratica. Era un luogo dove, per molti, l'annientamento dei nemici e del diverso, qualunque cosa volesse dire, era una cosa giusta. Magari faticosa da portare a termine, ma giusta".

Elena intanto scrive sui fogli A3, mettendo in ordine le informazioni nella tabellina mentale di tutti. Francesco butta un occhio e ne intravede altre tre: "1922: marcia su Roma e fascismo al potere in Italia", "1925-26: leggi fascistissime in Italia", "1932: in Gran Bretagna nasce la British Union of Fascists" (Unione Britannica dei Fascisti: verrà sciolta otto anni più tardi, all'inizio della guerra. Grazie, Google).

"Qua," Gianluca indica l'uomo che sta per sparare, "siamo meno di tre anni dopo la Kristallnacht. Siamo in piena guerra, in territorio ucraino. La Germania nazista ha invaso l'Unione Sovietica e ha creato queste unità speciali chiamate Einsatzgruppen, con l'obiettivo di individuare tutti gli ebrei e i commissari politici dell'Armata Rossa e ucciderli uno per uno. Così, con il colpo alla nuca. In questa zona vengono uccise in pochi giorni trentamila persone. *Trentamila*. Sul retro della fotografia c'è una didascalia: 'L'ultimo ebreo di Vinnycja'. A proposito, cos'hanno in comune le due foto che vi ho fatto vedere?"

Francesco nota con la coda dell'occhio che Elena sta facendo segno a Gianluca di tagliare. Si strofina subito gli occhi così che lei non possa vedere che se n'è accorto.

"...ok, ve lo dico io e poi la smetto di annoiarvi," prova a chiudere Gianluca. "La stragrande maggioranza delle fotografie che documentano lo sterminio arrivate fino a noi, la stragrande maggioranza tranne tre in particolare, sono state scattate dai nazisti, dagli esecutori. In parte per arroganza, perché erano sicuri che avrebbero vinto la guerra, e in parte perché spesso erano convinti che sterminare gente inerme fosse un merito, e facevano delle vere e proprio foto-ricordo da mostrare a famigliari, amici eccetera. Come questa. 'L'ultimo ebreo' è scritto per dire: 'avete visto come abbiamo fatto bene il nostro lavoro nella zona che ci è stata assegnata?'."

Francesco ripensa al compito che ha fatto e ha mandato via mail alla prof, a cosa ha scritto pensando alla mano che ha scattato quella foto, nel 1936, ad Amburgo. Tre anni dopo la presa del potere di Hitler, e cinque anni prima di questa che stanno guardando ora.

"Per cui," continua Gianluca, "ricordatevi sempre una cosa: anche se la Shoah, in teoria, doveva essere tenuta segreta, c'erano questi uomini che, a migliaia, tornavano in licenza e raccontavano alle famiglie, agli amici e magari anche ai conoscenti cosa stavano facendo sul fronte orientale. Non tutti, certo, ma le voci correvano. E dunque le persone che sapevano che a est si stavano sterminando centinaia di migliaia di ebrei iniziarono presto a essere il doppio, il triplo, il quadruplo. Un grande storico una volta ha scritto: 'Un segreto condiviso, anche se non nei dettagli, da decine di migliaia di individui non è più un segreto'."

"Bene," Elena si inserisce, sorridendo a Gianluca, "sappiamo che la prof vi ha chiesto di scrivere qualcosa a partire dalla foto di Amburgo. Ecco, ora estrarremo cinque o sei di voi perché vengano a leggerlo qua davanti a tutti..."

Se fosse in un film western, Francesco avrebbe già la mano sulla fondina, pronto a sparare per difendere i due fogli sfornati dalla stampante dell'ufficio di suo padre. Visto che una pistola non ce l'ha, è pronto a scagliare il banco contro Elena e Gianluca, e a correre in strada e a saltare su un aereo per il Giappone e non farsi mai più vedere. Quel testo l'ha scritto pensando di poter fare colpo sulla prof e non certo perché venisse letto davanti alla III C della Scuola Nuova.

Elena prosegue: "...scherzo, ragazzi. Tenetelo per voi e poi, alla fine del percorso, se volete lo rileggerete o lo condividerete con i vostri compagni di classe e con i vostri compagni di viaggio".

Ma che ***** di scherzo è? grida dentro di sé Francesco, che è infuriato, ma anche salvo.

"Ora," aggiunge Gianluca, "vi chiederemmo un'ultima cosa. Non è un compito: se avete voglia, se vi viene, quando arrivate a casa provate a scrivere una lettera a monsieur LaPadite, il contadino francese del video. Immaginate di potergli scrivere. Prima, durante o dopo quella scena. Sarà una cosa vostra, un punto di partenza del vostro percorso. Be', ciao ragazzi, ci vediamo la prossima settimana."

Elena e Gianluca simulano un inchino, sorridono alla classe ed escono al suono della campanella, salutando la prof. Che non ha ancora detto una parola.

13.

Non c'è nessuno tranne lui e due signore, sul 15.

Francesco schiaccia il lato sinistro della sua testa sul finestrino, e anche se i capelli gli stanno ricrescendo in fretta sente sulla pelle quel freddo che sembra brina. Guarda gli alberi del viale immersi nel buio, le macchine, i pochi motorini che accompagnano i conducenti a rintanarsi sui divani delle loro tiepide case. Appoggia i talloni sul borsone rosso del calcio, una di quelle due lo guarda male. Lui chiude gli occhi.

"Non valgo un cazzo, Fra," gli aveva detto Simone quel pomeriggio, sul balcone.

"Non valgo un cazzo," aveva ripetuto tra lacrime di rabbia. Gli era sembrato così piccolo eppure già così lassù, tra i grandi, a farsi domande sulla vita alle quali lui non aveva mai pensato. Giù, nella via, l'autunno si stava spegnendo. Avevano guardato un'ambulanza sfrecciare chiedendosi le cose che ci si chiede quando passa un'ambulanza, poi Simone aveva dato una lunga aspirata e Francesco aveva scacciato via il fumo come a dire "Lui non c'entra: questo è un discorso tra noi, amico". Gli aveva detto che invece no, che valeva eccome. Non si ricorda con quali parole, esattamente, e ora vorrebbe ritrovarle ma non ci riesce neanche se strizza gli occhi più forte che può.

Poi avevano preso il 15, così, e nella partita di fine allenamento si erano cercati come non mai, come se avessero una lingua tutta loro, un match parallelo che nessuno degli altri poteva capire. Non c'era stato bisogno di cenni del capo, di mani sul petto che dicono "Lancia qua, amico mio". Era tutto così naturale, così vero.

Dopo l'allenamento, era un martedì, Francesco aveva portato Simone a conoscere Kappa, e non era mai successo, cioè prima non era mai successo che Kappa – che si faceva chiamare Kappa da poco – conoscesse un suo compagno di calcio, ma Simone stava diventando qualcosa di più. Erano finiti per terra a scassarsi dal ridere chissà per cosa, poi.

Una serata di quelle che sembra tutto al posto giusto, persino i tuoi che non ti chiamano e non ti chiedono dove sei stato e con chi, anche se a ripensarci Francesco allora non aveva ancora quindici anni, mentre Kappa e Simone sì.

Una serata di quelle che non è che si dimenticano in quindici mesi.

14.

"Figo, no?"

"Figo cosa?"

"Andare laggiù."

"Non lo so, Kappa. Sono appena arrivato, poi... vabbe', non so."

"Oh, ti ricordi alle medie? Sembrava ci fosse solo Anna Frank."

"..."

"..."

"Kappa?"

"Eh."

"Pensi che io sia fuori?"

"Certo che lo sei. E allora? Trovami qualcuno normale. Se lo trovi vinci una birra."

Alla bottiglieria c'era un gran casino, perché all'esterno si congelava, e allora Francesco non aveva neanche provato a convincere Kappa a raggiungerlo. Arrivare ai frigo dove stanno le birre e i cocktail in bottiglia ancora ancora, e anche alla cassa la coda si poteva fare, ma nell'altra metà del locale c'era tanta di quella gente che se non eri alto almeno uno e novanta neanche lo vedevi, il fiume lì sotto. Si era scritto al volo con Kappa, tanto Francesco aveva zero voglia di stare nel delirio e aveva camminato un po' e adesso erano lì, gli unici due nell'arco di chilometri a sfidare il freddo e a starsene con le chiappe ghiacciate sulla panchina Numerouno.

Francesco ha portato due birre doppio malto, e per quanto lo riguarda è a posto così. Kappa aveva iniziato a fumare alle medie, e a Francesco non è mai andato, come gesto: lo trova stupido.

Però gli piace vedere sopra le loro teste la nuvola che rimane compatta e che per un attimo sembra stia per fermarsi e diventare un pezzo di ghiaccio e invece niente: va su e si sfilaccia in cielo.

"Non è che ci sia qualcuno con cui parlare di queste cose. E io non riesco a smettere di pensarci, Kappa, ecco."

"Ad Auschwitz?"

"Ma no, a quella sera."

Non era impazzito, Francesco, dopo quella sera in cui l'autunno si era spento, e anche la primavera e anche l'estate, con l'autunno. E non aveva distrutto niente, quel giovedì notte, né in quei giorni né in quelli successivi. Lo sapeva che non sarebbe stato un ragazzo per sempre, e aveva imparato a badare a se stesso, in questi quindici mesi e qualche giorno, anche se aveva dovuto farlo di colpo, senza preavviso. Era diventato grande così, da un giorno all'altro, ne era convinto: era diventato grande al funerale di Simone.

Non aveva versato neanche una lacrima.

15.

"È spuntato di colpo, come un fantasma, dal bordo della strada..."

Lo sguardo distrutto di quel signore, Francesco non lo dimenticherà mai. Ogni tanto si sveglia, la notte, sudato fradicio, pensando a quegli occhi. Il filmato era stato un paio di giorni su YouTube, poi i genitori di Simone avevano chiesto alla polizia postale o a chissà chi di rimuoverlo dalla rete.

Qualcuno che si trovava lì per caso aveva filmato i minuti dopo l'incidente.

Il signore era aggrappato al suo giaccone come se il giaccone potesse portarlo indietro nel tempo e aiutarlo a sterzare di colpo, all'apparizione improvvisa di Simone. Lampeggianti, un semaforo giallo a intermittenza. Il signore parlava con un altro signore in divisa, Francesco non ricorda se un vigile o un poliziotto. Un infermiere, forse. Ma quel video l'avrà visto ottanta volte, prima che i genitori di Simone chiedessero che non fosse più online. E ricorda perfettamente quei due o tre secondi prima che il signore, scoppiando in singhiozzi, dicesse: "...è spuntato di colpo. Come se lo avesse deciso, di apparire all'ultimo".

Simone non era venuto ad allenarsi, quel giovedì dopo quel martedì che avevano passato con Kappa, perché era scappato di casa. Aveva paura che i suoi lo aspettassero fuori, alla fermata del 15 o proprio sulla porta dello spogliatoio.

E Francesco lo sapeva.

Nesli Rice e Fabri Fibra
Non dimentico

"Nella mia vita ci vuol del fegato
preparati il bagaglio col migliore abbigliamento
tira un gran vento, nei meandri della testa."

16.

In questa settimana passata fra un giovedì e l'altro, Francesco ha vinto 2-0 giocando una mezz'oretta con la prima squadra, ha preso una decisione e l'ha messa in pratica. Sono ormai dieci giorni che è nella Scuola Nuova, e sabato sera ha capito che era l'unica cosa da fare, anche se Kappa, a cui ha chiesto un parere volante, non è che fosse veramente d'accordo. Ad Andrea non ha detto niente, anche se stanno cominciando a sentirsi anche fuori: meno gente sa, meno gente potrebbe tradirlo.

Comunque, ha deciso di farla pagare a Matteo: Francesco non sopporta i prepotenti, è molto più per il "vivi e lascia vivere", per quanto possibile. Lo sa che ci saranno certamente delle ragioni per cui quello si comporta così e blablabla, ma sa anche che Alessandro ogni volta che vede Matteo quasi si mette a tremare. E non perché quell'altro ha la barba ispida che ogni mattina sta già rispuntando da sotto la pelle, come se avesse trent'anni.

Tutto molto semplice: una decina di foto scaricate in rete, un profilo finto, una richiesta d'amicizia. Un'esca alla quale Matteo ha abboccato subito, sabato sera. Ah, profilo femminile, ovviamente. Per ragioni di privacy non diremo il nome e cognome della splendida ragazza creata da Google Immagini e dalla fantasia di Francesco, e ci limiteremo alle iniziali della sua identità fake: S.C.

Nel weekend, S.C. aveva fatto un po' la preziosa, rispondendo a monosillabi ai tentativi di Matteo di attaccare un bottone virtuale. In parallelo, si era dovuta fare un po' di finti amici e amiche, aveva caricato un paio di foto niente male e l'aveva ignorato per un paio di giorni, anche perché Matteo si era lanciato in apprezzamenti da vecchio pedofilo. Poi quello aveva capito che per provare a far ripartire la conversazione avrebbe dovuto fare a S.C. qualche domanda, e gliene aveva fatte tre:

dv vivi?
vai a scuola?
6 fidanzata?

Mercoledì sera, S.C. non aveva ancora visualizzato.

A quel punto Francesco poteva star certo che Matteo avrebbe controllato il cellulare anche in classe, nonostante il fatto che tre prof del giovedì su quattro siano intransigenti, a proposito di "tutti quegli automatismi decerebrati da nativi digitali" come strilla il preside quando qualcuno viene pinzato e portato da lui.

La prof di storia Che-un-nome-ce-l'ha è l'unica tollerante. È capace che faccia finta di non vederti, se esageri ti rimprovera quasi comprensiva, e a volte permette a tutti di controllare delle date online ("Non dovete sapere quando è accaduto, ma saperci arrivare," dice spesso), di cercare immagini di quello di cui sta parlando, o cose del genere. Una avanti, insomma.

Quando arrivano Elena e Gianluca, Francesco è pronto con il telefono in mano.

"Ciao ragazzi, come state?" chiede Elena.

"Bene, e voi?" Alessia risponde di scatto, solare, a nome della classe.

Francesco sta per scoppiare a ridere, vedendo Andrea che la guarda cotto come un uovo nel deserto, con il mento quasi a toccare il banco. Ma rimane serio, perché deve essere concentrato sulla sua battaglia.

"Alla grande," dice Gianluca. "Le due ore di oggi le passeremo così: vi facciamo vedere due video e ne discutiamo. Poi faremo una specie di gioco su consenso e dissenso nei regimi totalitari, e in particolare nei fascismi. Come si fa a rendere una fetta enorme della popolazione favorevole al regime, o almeno non contraria? Ogni dittatura con una mano reprime l'opposizione e con l'altra cerca continuamente di essere cool, cerca consenso. Ma c'è sempre, sempre, qualcuno che riesce a pensare con la sua testa."

Elena proietta la foto dell'uomo con le braccia incrociate, quella con la didascalia "Amburgo (Germania), 1936".

Francesco entra nel profilo di S.C. e risponde a Matteo:

no nn sn fidanzata. te?

Visualizzato. Francesco vede Matteo sogghignare con il telefono in mano.

neanche io
in classe, ora
dv vivi

Francesco rimane online, ma aspetta.

17.

"I video che stiamo per vedere, invece," prosegue Gianluca, "ci raccontano altre cose, di cui parleremo. Ve ne vorrei dire una, subito, perché ci tengo molto. Fermatemi se vado troppo veloce o se pensate che io stia dicendo cazzate, ok?"

La prof non fa una piega, qualcuno in classe sorride. Gianluca alla fine ci sta dentro, tutto sommato fa discorsi interessanti. Una vacanza, rispetto al prof con la pelata della Vecchia Scuola. Anche se parla sempre di storia sembra un animatore estivo, Gianluca, adesso che Francesco ci pensa bene.

"Abbiamo iniziato a mettere un po' in ordine alcune date. Ecco, gli europei usciti dalla carneficina della prima guerra mondiale, dopo il 1918, vivevano in un clima in cui c'era tantissima violenza, pronta a riesplodere. Una violenza che presto cominciò a essere insegnata a scuola, insieme a una sottomissione incondizionata al nuovo ordine che via via imponevano i regimi fascisti dove riuscivano ad arrivare al controllo del paese. Credere, Obbedire e Combattere erano le tre parole d'ordine del fascismo italiano, il primo a prendere il potere in Europa, solo quattro anni dopo la fine della guerra."

Facile, 1922: l'inizio della tabellina, pensa Francesco.

"Tra i due conflitti mondiali il clima di educazione alla violenza si diffuse come un'epidemia, come una sbronza. Oggi diamo per scontata una società aperta e plurale, ma all'epoca non era assolutamente così. Immaginate cosa significava nascere e crescere in paesi come Italia e Germania, dove i prof non erano lì per trasmettere dei valori come il rispetto e la democrazia, ma per insegnarti a escludere chi doveva essere considerato *diverso* e *nemico*, e a prepararti per essere disposto a morire, e a uccidere, per parole con l'iniziale maiuscola come Patria, Onore, Razza. Noi partiamo dalla scena di monsieur LaPadite per poi riavvolgere il nastro della storia insieme, e capire come si è arrivati, per gradi, al punto che, se un SS entra in casa di una brava persona cercando nemici, della Patria o della Razza, la brava persona si trova in pericolo. È un mondo alla rovescia, no? Un mondo in mano ai cacciatori di uomini, dove chi cerca di vivere in pace si deve nascondere. Come si costruiscono i nemici di una comunità? E soprattutto, come si passa dalla persecuzione allo sterminio? Ci vuole tempo, di solito. Un po' alla volta l'uomo si può abituare a tutto: è sempre gradualmente che il piano incomincia a inclinarsi, che la palla di neve inizia a rotolare."

Francesco visualizza il messaggio di Matteo per tenerlo un po' sulle spine, mentre ripensa alla tabellina. 1922-1933-1944. Ventidue anni separano l'alba dei fascismi in Europa dalla fine della seconda guerra mondiale. Ventidue. Non sono pochi.

"Immaginate," dice ancora Gianluca, avvicinandosi ai fogli A3 appesi al muro da una settimana, "due ragazzi nati nel 1922, in Italia e in Germania. Il primo non ha mai conosciuto un mondo diverso dal fascismo, magari vive in una famiglia non convinta o addirittura in un ambiente antifascista, ok, ma il suo mondo è il fascismo. Punto. Il secondo è cresciuto in una repubblica turbolenta – la Germania era una repubblica con elezioni libere, prima del nazismo – in cui un piccolo partito di violenti cresce e cresce, prova e fallisce un colpo di stato un anno dopo la marcia su Roma del fascismo italiano, e dieci anni più tardi arriva al potere, di fatto democraticamente. Nel 1933, quando Hitler diventa cancelliere in Germania e iniziano ad aprire i primi lager, questi due ragazzi hanno entrambi undici anni, e l'italiano si è fatto tutte le elementari in una scuola fascista. Il tedesco no, ma il resto del suo percorso scolastico sarà imbevuto di propaganda nazista. Le leggi razziali arrivano nel 1935 in Germania e nel 1938 in Italia. I due ragazzi hanno prima tredici e poi sedici anni (l'italiano ha la vostra età). E sono pronti ad accogliere teorie razziste deliranti che marginalizzano coloro che sono considerati 'di razza ebraica'. Magari non sono d'accordo, o non capiscono bene cosa questo significhi, ma vedono che quasi nessuno si oppone, intorno a loro. Poi arriva la seconda guerra mondiale, e loro hanno diciassette, poi diciotto, diciannove, venti, ventuno e ventidue anni. Sono carne da combattimento."

Credere, obbedire, combattere. Già, pensa Francesco, ma non è che quello che ti insegnano a scuola sia sempre da prendere come oro colato, ecco, anzi.

Poi scrive, dal profilo di S.C., anche se non è che si stia annoiando per davvero:

sì sn a scuola ke palle
ti ho visto in giro

Francesco si è già rotto di fare il gatto e il topo con Matteo in questo mondo virtuale. Kappa gliel'aveva detto che avrebbe dovuto studiarsela bene. "Devi avere una strategia," l'aveva avvertito. "Come vuoi colpirlo?" gli aveva chiesto.

Francesco aveva alzato le spalle. Ora deve farsi venire in mente qualcosa.

Intanto Elena prende la parola: "Uccidere e morire, pensateci, ragazzi. Sono verbi così lontani dalla nostra quotidianità...".

Il pensiero di Simone trafigge il petto di Francesco, per una frazione di secondo.

"...che non riusciamo a immaginare cosa possa significare un mondo in cui si affronta la morte giorno per giorno. In guerra molti, quasi tutti, rischiano di essere ammazzati, è vero, ma ci si relaziona anche con l'uccidere. La morte la si incrocia molto spesso, in guerra. Per obbedienza, per difendere i propri valori, per necessità, per piacere, per paura, per difendere la propria famiglia. Come ha fatto o è stato costretto a fare monsieur LaPadite."

Visualizzato. Per fortuna ci pensa Matteo, a dare l'assist a Francesco:

ma dai
allora sai che sono
un bravo ragazzo ;-)

Di impulso, a vedere quello smiley strafottente, Francesco risponde:

*Secondo me 6 una testa di ******

Cioè, non scrive "testa di *****" ma proprio "testa di *****" e poi si gode l'espressione incarognita di Matteo. Quell'arrogante non prova neanche a capire perché la bella S.C. possa essere passata a questi toni, e risponde con uno, due insulti.

Elena continua: "Un'altra cosa che ci teniamo a dirvi è che sappiamo che siete stati bombardati di parole su questi temi. Se facciamo discorsi facili o scontati, ditecelo. E tenete sempre a mente che noi siamo come la tv, come i giornali, come i vostri insegnanti, come una pagina web, come un libro. Siamo arbitrari. Noi facciamo delle scelte, scegliamo di mostrarvi dei materiali e scegliamo dei contenuti che vorremmo trasmettervi, scegliamo che termini usare per parlarvene. La storia non è mai lì, ferma, a farsi guardare. La storia cambia forma perché gli studiosi con le loro ricerche trovano continuamente nuove storie, nuove fonti, nuove letture di vicende che si conoscevano già, e perché dipende sempre da come si sceglie di guardarla. Noi, ve l'abbiamo già detto, abbiamo deciso di provare a costruire con voi alcuni strumenti per vedere come, passo dopo passo, l'umanità sia potuta arrivare ad Auschwitz. Così, dopo, camminerete più spediti e sicuri, nella vostra vita da grandi. Speriamo. Ecco, questo forse era un discorso pieno di retorica, ma ci crediamo profondamente".

Elena arrossisce appena, e Francesco si nutre gli occhi di quella sua intima serenità prima di affondare la lama, e schiacciare la freccia del tasto “invia”.

ti tengo d’occhio,
*signor Testadi******
se non la smetti di fare il bullo
con i tuoi compagni ti spacco la faccia

Visualizzato.

se sei qua in classe fatti vedere,
sfigato del cazzo

Francesco non lo sapeva, di avere questa cosa dentro. Non l’aveva mai fatto, cioè solo giocando a calcio ha avuto momenti così, in cinque o sei occasioni: l’istinto di distruggere l’avversario, che in campo assomiglia molto a un nemico, a volte. Mentre qua... qua è un nemico per davvero.

Mentre le dita della mano destra afferrano il primo oggetto a tiro, che è una bottiglietta d’acqua mezza piena sul banco di Andrea, il suo cervello non pensa a niente.

Niente.

Mentre la scaglia con la violenza di un lanciatore di baseball e precipitoso come un uomo che scansa un treno in corsa, continua a non pensare a niente se non alla forza che questo momento sta liberando.

Quando la bottiglietta colpisce il collo di Matteo che ha ancora il cellulare in mano e si sta guardando intorno, l’unico pensiero che si fa largo nella rabbia di Francesco è: Uao, ******* che mira.

E all’impatto tutti si voltano.

Francesco si è tradito da solo.

18.

Un genio.

Davvero un genio, ora i miei mi uccidono, si dice Francesco.

Mentre cammina verso le scale, due passi dietro la prof, ripensa alle parole uscite dai denti di Matteo che, senza degnarlo di uno sguardo, ha puntato un dito verso di lei: "Se non lo porta dal preside, nell'intervallo ci vado io".

Elena e Gianluca hanno osservato la scena senza capire, con la prof che ha detto: "Voi continuate pure", ha preso il cappotto con un gesto che è sembrato eterno e ha fatto un cenno con la testa sussurrando, mortificata: "Francesco, vieni con me". E lui l'ha seguita in corridoio, e ora giù verso il piano terra, e lei ha provato a parlargli ma Francesco non ha sentito bene e deve averle bofonchiato "Non si preoccupi, mi so difendere da solo" o forse semplicemente "Mi so difendere da solo" e toctoc, e sono in presidenza, e la prof non sa bene come ma alla fine lo dice, cercando di non essere ingiusta, probabilmente, ma la frase le esce così: "...ti ricordi Francesco, vero? Ecco, ha tirato una bottiglia d'acqua addosso a un suo compagno... Avrà avuto le sue ragioni, immagino. Anche se non è che si possa giustificare un gesto del genere, lo so. Siamo venuti subito qui, forse vuole spiegarlo direttamente lui".

Il preside rimane seduto per un istante, poi si rizza come sull'attenti.

"...cerca di essere comprensivo. È appena arrivato," aggiunge la prof.

"Ah, ecco che arriva il teppistello e dopo quanto? Dieci giorni? Subito si fa riconoscere! Bene, bene. Sai cosa? Sono stufo di fare il baby-sitter ad adolescenti che si sono bruciati il cervello e che non sono neanche in grado di controllare il loro corpo. Hai qualcosa da dire, ragazzino? Sentiamo."

Francesco abbassa gli occhi sulle sue scarpe da ginnastica, e dice in un solo respiro: "Se-non-avesse-fatto-il-prepotente-come-sempre-io-non-avrei-mai-perso-il-controllo-mi-scusi".

"Il congiuntivo trapassato te l'hanno fatto studiare, almeno, in quell'altra minchia di scuola, vedo." Il preside ora sta urlando.

La prof Che-se-ne-sta-lì-impalata alza gli occhi al soffitto, come a dire "Ma senti questo, e gli fanno pure fare il preside".

Oh, ma qua tutti gli adulti possono parlare come degli scaricatori di porto? pensa Francesco, e risponde di getto, ad alta voce: "È già tanto che riesco a pensare al presente".

"Cosa hai detto, scusa, ragazzino?"

Il preside sembra che stia macellando la sua scrivania con le nocche, tanto le schiaccia sul ripiano di legno. Gli è uscita così, a Francesco, però ha un che di epico, la frase "È già tanto che riesco a pensare al presente".

"Niente, signor preside."

Silenzio. Poi, a Francesco viene un'illuminazione. Pensa al discorso che Elena stava facendo in classe su come bisogna guardare la storia, che può sempre servire, nell'oggi in cui si vive.

"...lo so che non avrei dovuto, non so cosa mi è preso. È che mi hanno insegnato che delle volte bisogna sapere dire: Basta, sai che c'è, non è giusto. L'ho scritto..."

No, forse non è una buona idea dirlo. Ma ormai è troppo tardi. Il preside guarda Francesco come se volesse infilzarlo con uno spiedino e cuocerlo sul terrazzo di casa sua, sempre che abbia un terrazzo e che non sia vegetariano.

Interviene la prof: "Dove l'hai scritto, Francesco? Ti riferisci al compito sulla foto di Amburgo, vero?".

"...ehm, sì, prof."

"Posso sapere di cosa state parlando?" chiede il preside, con la voce che gli esce tipo il gesso sulla lavagna. "Forse non ci siamo capiti: per me è grave come se tu lo avessi accoltellato, quel tuo compagno," aggiunge.

"...mi scusi?" Francesco è allibito.

La prof interviene ancora: "Massimo, non esageriamo. Forse dovresti leggere le bellissime pagine di Francesco per vedere che abbiamo guadagnato una bella testa, che dietro quella scorza dura c'è qualcosa di interessante. Sarà una ricchezza per la III C, questo nuovo acquisto, ne sono certa. Lo sai che ti puoi fidare del mio giudizio. Francesco, posso fargli leggere il *Diario di X*?".

Forse la vendetta per il test a sorpresa su Auschwitz può essere rimandata ancora di qualche giorno, pensa Francesco, stupendosi della sua generosità. Annuisce in risposta alla prof Per-ora-ti-ho-graziata, sapendo di non avere scelta. Il titolo *Diario di X* gliel'aveva suggerito Kappa, che è un po' fissato con le iniziali in questo periodo. Anche se X non è proprio un'iniziale, è più un dire che Francesco non lo sa di chi fosse la mano che scattò quella foto, ad Amburgo nel 1936.

La prof tira fuori il cellulare, ancora pochi secondi di tensione – cerca la mail, apre l'allegato –, e lo passa al preside.

Quello si mette a leggere ad alta voce, simulando la voce di un ragazzino viziato con la erre moscia. Che buffone, pensa Francesco.

Diario di X.
Un giorno dell'anno 1936 d.C.

Francesco prova una strana sensazione, come se non le avesse scritte lui, quelle parole, eppure per controllare che non ci fossero errori grammaticali le ha lette e rilette tante di quelle volte che potrebbe recitarle a memoria.

Fino a oggi credevo di essere l'unico ancora capace di pensare con la mia testa, senza farmi influenzare. Da tre anni c'è questo nuovo regime, e sembrano tutti impazziti, tutti a dire "Hitler, lui sì che è un grand'uomo!" e quelle robe lì. Non so se lo fanno perché sono dei codardi o perché ci credono veramente, e non so neanche se è meglio la prima o la seconda possibilità.

Bisogna intervenire, perché queste cose non succedano più. Io non ho armi, non c'è nessuno che vuole combattere con me. Ho solo la mia macchina fotografica che mi ha lasciato il mio amico Simon che è partito militare e non so se tornerà. Sono nascosto qui, al secondo piano di questo palazzo mezzo abbandonato. Prima o poi verranno a prendermi. Allora io ho deciso che l'unica cosa che posso fare è fotografare tutto quello che vedo, questa follia generale che mi circonda. Tanto sono un solitario.

Voglio dare una direzione alla mia vita e difendere quello che ho e quello che sono, anche se in pochi lo capiranno e lo accetteranno, oggi. Magari in futuro, quando tutti diranno che qualcuno doveva fermare questo mostro, il nazismo, le mie foto serviranno per dimostrare com'era veramente. Perché nessuno crederà che negli anni trenta il mio paese è impazzito, e tutti con il braccio alzato a fare quel saluto. Tutti che sembrano pecore, pronti a obbedire al primo fuori di testa che passa e che dice che gli ebrei e chi non la pensa come lui devono essere tutti uccisi. Bisogna sapere dire no, reagire alle ingiustizie. La vita è una sola.

Fino a oggi pensavo di essere l'unico a esserne capace, almeno l'unico di Amburgo. Qualche giorno fa, ho visto questa parata, proprio sotto il balcone del palazzo dove sono nascosto. Gente in divisa con gente elegante, poveracci con ricchi signori: c'era di tutto. E ho pensato al mio progetto di fotografare questo delirio generale (ci penso spesso ultimamente). Mi sono affacciato e mentre stavo per scattare la foto mi sono accorto che uno con il braccio teso e un berretto mi stava guardando con aria di sfida. Avrei voluto lanciargli addosso il mio apparecchio fotografico, ma poi ho pensato che era l'unica cosa che avevo. Ho pensato che era l'unica ragione per continuare a stare qui come un topo in trappola.

Quando ho scattato la foto non mi ero reso conto che a un metro o due da lui c'era un altro uomo, ma senza berretto. Me ne sono accorto adesso che l'ho sviluppata. E pensare che era più o meno in mezzo alla foto. C'era il sole, l'altro giorno, e infatti quest'uomo strizza un po' gli occhi, guardando in avanti. Ma non è questo che mi ha colpito. Quello che mi ha colpito è che è l'unico uomo nella mia foto che non ha le braccia tese nel saluto dei nazisti. L'unico non folle tra cinquanta persone, tipo. Aveva le braccia incrociate, come se stesse sfidando tutti gli altri. Lui non mi ha visto e io non ho visto lui. Fino a ora, e infatti lo sto scrivendo su questo diario. Solo adesso mi rendo conto che non sono il solo a pensarla diversamente. L'ingiustizia si può combattere. Ora nascondo questa foto da qualche parte. Magari in futuro qualcuno la troverà, quando deciderà di imparare dagli insegnamenti del passato. Non è che ci siano molti insegnamenti positivi, nell'anno 1936 d.C. Chissà come sarà più avanti. Un sacco di gente sta per morire, forse pure io. Almeno ho provato a oppormi. Almeno ci ho provato.

X.

Il preside rimane a guardare lo schermo del cellulare della prof, con una smorfia impossibile da decifrare. Man mano che leggeva la sua voce è cambiata, fino a diventare quella tipica di un adulto degli anni duemila.

“Aspetta fuori dalla presidenza, ragazzino, prima che ti prenda a sberle,” gli dice dopo essersi passato la mano sugli occhi come a scacciare via quell’immagine dello spiedino di Francesco sul terrazzo. Ma lo sguardo gli è rimasto duro, insopportabile.

“Fai come ti dice il signor preside,” bisbiglia la prof tenendo le mani nelle tasche del cappotto, e inarcando le sopracciglia come a implorarlo di non commentare quest’ultima delicatezza dell’uomo da cui ora dipende il suo prossimo futuro di studente della Scuola Nuova.

Francesco esce dalla stanza, si appoggia al muro della presidenza e si tira su il cappuccio della felpa, pensando a quanto sanno essere stronzi, a volte, gli adulti. Potrebbe arrivare ad ammettere, però, almeno davanti a Kappa o sotto minaccia di tortura, che delle eccezioni ci sono.

Vasco Rossi
Vivere

"Vivere, anche se sei morto dentro
vivere, e devi essere sempre contento
vivere, è come un comandamento."

Maledetta memoria

1.

E disse il nipote alla nonna:
"Del tempo di guerra
di cui mi racconti,
dell'epoca buia
di quando tu avevi
i miei anni,
di già cento foto più cento
mi hai posto dinnanzi,
e cento filmati più cento
mi hai fatto vedere.
Ma nonna,
non c'è un sol colore,
ma solo del bianco e del nero".

La prof Ti-sei-meritata-la-grazia aveva lottato per lui, eccome se aveva lottato.

Francesco l'aveva sentita gridare, ma in corridoio le frasi arrivavano a metà, come se le sillabe uscissero dal buco della serratura della presidenza dandosi il turno, sbattendosene delle parole da cui provenivano.

Ci sta ripensando, Francesco, svaccato su una sedia di metallo del dopolavoro ferroviario, volando con l'immaginazione oltre le rotaie, al campo di calcio sul quale non è oggi, perché è il Giorno della Memoria e la III C è stata portata in questo auditorium dove una signora anziana con i capelli corti e grigi sta leggendo la sua poesia che si intitola *Messaggio*. Francesco dovrebbe essere incazzato con Elena e Gianluca, per essere qui di domenica. Saltare una convocazione in prima squadra per un impegno parascolastico l'ha fatto sentire un pulcino, ma sa di essere sotto osservazione per quel raptus. E poi ha giocato ieri, è tornato a giocare con i suoi coetanei che non rivedeva in campo da quando il mister l'ha chiamato ai piani alti: è stato bello ritrovarsi con loro. Ha segnato con una rasoiata di destro e si è anche procurato un rigore. D'istinto ha guardato alle sue spalle per farlo battere a Simone, come sempre. Dannate abitudini, che ti accoltellano tra la pancia e il petto a tradimento.

L'atmosfera è particolarmente raccolta, in questo ennesimo Giorno della Memoria.

"Ascolterete la testimonianza di una bambina nascosta," aveva spiegato loro Gianluca sul pullman, "una tra le migliaia e migliaia di bambini che si salvarono grazie al coraggio di singoli e famiglie che li ospitarono."

Dopo i soliti inutili discorsi introduttivi dell'Assessore X e del Professor Y, la signora è andata sul palco a declamare la sua poesia per bambini:

"È vero," rispose la nonna.
"Ma dimmi," riprese il nipote.
"I prati eran neri a quel tempo?
E il mare era bianco?
Chi fu l'inventore

del giallo, del rosso, del blu?
A scuola non l'hanno insegnato."

La prof gridava di sdegno, giovedì in presidenza, e ogni tanto Francesco sentiva "Massimo, ma ti..., non... idiozie..." ed era stato invaso da un senso di rispetto per lei, per come si stava esponendo nel difenderlo. "...non è un ring! ...creare un precedente!" aveva sbraitato il preside. Poi il volume delle sillabe era sceso fin sotto terra e Francesco aveva aspettato e aspettato. Quando era tornato in classe al fianco dell'espressione vittoriosa della prof, gli avevano detto che lei era nientemeno che la vicepreside.

'Sti *****, aveva pensato.

Nell'intervallo Andrea, Martina e Alessia gli avevano raccontato uno dei due video che Elena e Gianluca avevano fatto vedere in classe mentre lui era giù. *Educazione alla morte*, un breve cartone animato di propaganda antinazista che faceva anche ridere e che mostrava come dei bambini erano potuti diventare delle macchine di morte, in quei sei anni tra la presa del potere di Hitler e lo scoppio della seconda guerra mondiale. Perché a scuola avevano insegnato loro a odiare e a combattere per sopraffare e sottomettere i deboli.

Poi avevano fatto un gioco in cui dovevano immaginarsi di voler instaurare una dittatura, e dunque potevi comprare gli ingredienti come al mercato, per incutere timore nella popolazione e convincerla che la tua sarebbe stata la migliore forma di governo possibile. Repressione del dissenso e costruzione del consenso: propaganda e controllo a trecentosessanta gradi dello "Stato totalitario".

"Non ci avevo mai pensato," aveva confidato Martina portandosi una ciocca di capelli dietro le orecchie, prima di ricordarsi che lei dovrebbe sempre sapere tutto, e infatti aveva subito aggiunto: "...però se ci rifletti attentamente è un po' come nell'antichità, cioè già al tempo dei romani era così, con i gladiatori e tutte quelle iniziative che dovevano piacere alla gente e poi le crocifissioni dei ribelli come Spartaco per spaventarla. Creare un'opinione pubblica favorevole e distruggere l'opposizione, non si è sempre fatto così? Cavolo, è scontato, no?".

Francesco aveva fatto un mezzo "sì" con la testa, ma stava pensando ad altro. Stava pregando che l'emergenza fosse rientrata come gli aveva garantito la prof Che-è-anche-la-vicepreside, e che ai suoi Solo-per-questa-volta nessuno avrebbe detto niente.

Francesco si riconnette con la poesia che rimbomba nelle casse a lato della signora:

Rispose la nonna al nipote:
"Nel tempo di guerra
i cuori eran nero granito
e gli occhi due blocchi di ghiaccio,
e tutti i colori fuggiron dal mondo.
Poi, sono tornati.
Tienili stretti, nipote,
perché se fuggissero ancora
sarebbe per sempre".

Francesco si guarda intorno e, oltre Andrea che è seduto vicino a lui, vede Alessia controluce: sembra stia cercando di ingoiare una pietra. Tre lacrime scendono dall'occhio destro, due da quello sinistro, e ce ne sono altre appese alle ciglia. Alessandro è in disparte, al di là di due sedie vuote, con le braccia strette come se si dovesse proteggere da un pericolo che ancora non conosce. Visto da lontano è ancora più grosso. Non prende appunti, e non lo fa neanche Martina, in prima fila, così rigida con la schiena che potrebbe cambiare la forma della sedia. Quasi tutti i suoi nuovi compagni sono in silenzio. Ce n'è uno, e chi si ricorda il nome, che sta scarabocchiando qualcosa sullo zaino. Matteo è in ultima fila: Francesco lo sa perché sente i suoi occhi che gli scavano la nuca.

La signora sul palco si toglie gli occhiali che le rimangono appesi al collo e inizia a parlare, guardando lui e Andrea. A Francesco viene da mettere le mani in tasca, ma rendendosi conto della stupidità del movimento si limita a grattarsi i jeans come se ci fossero delle zanzare annidate lì sotto dall'estate. Che forse è un gesto ancora più idiota.

"Cari ragazzi, grazie per essere venuti qui, oggi, anche se è domenica. Vorrei raccontarvi solo una storia, che è un po' la storia della mia vita. Spero di non essere noiosa, ma se lo sono perdonatemi... perdonate questa vecchia signora."

Ha una buona presenza sul palco e misura le parole, pronunciandole con calma. In fondo stanno per assistere a uno spettacolo: la signora sta mettendo in scena, per loro, la sua storia.

"Quando sono arrivati i nazisti nel nostro paese io ero un po' più giovane di voi."

Ha detto "più giovane" – non "più piccola" – e basta questo a rendergliela subito simpatica, come quelle nonne che capitano quasi sempre agli altri. La signora si mette a raccontare di quando arrivarono le leggi razziali: a nove anni lei scoprì di essere "di una razza inferiore". "Secondo le logiche deliranti del fascismo, naturalmente," aggiunge con un mezzo sorriso, prima di farsi seria. Poi, guardando i suoi compagni uno per uno, ricorda quando era scoppiata la seconda guerra mondiale, che aveva impedito loro di scappare lontano dall'Europa. E qualche anno dopo – racconta – il paese era stato occupato dai nazisti, che andavano a caccia di ebrei insieme ai fascisti. "A caccia", ha proprio detto "a caccia", pensa Francesco, mentre un brivido gli scende dal collo alla schiena. Furono proprio due fascisti ad arrestare suo padre, che morì ad Auschwitz. Ma questo la signora lo avrebbe scoperto solo dopo, quando sarebbe arrivata la pace.

Poi si mette a ricordare la famiglia che la nascose, rischiando la vita.

Non ha fatto una piega, la signora, nel dire la parola "Auschwitz", raccontando di come perse suo padre. Neanche un sospiro, un momento di esitazione a mostrare l'unica-parola-che-dovrebbe-essere-proibita-per-legge-dai-vocabolari. Come se avesse acquisito una familiarità con il ricordo della morte, come se il tempo le avesse regalato un rapporto sereno con quel vuoto che pugnala a tradimento. Francesco non ha neanche finito di dare forma a questo pensiero che lei, raccontando di come era stata nascosta da questa famiglia coraggiosa, si blocca.

Guarda dritta davanti a sé, in fondo alla sala.

Oltre le ultime file, oltre Matteo, oltre quella finestrella con le sbarre di metallo che a Francesco, quando è entrato nell'auditorium, ha ricordato una galera. Non si sente neppure il rumore della penna del suo compagno senza nome che stava rimpinzando di frasi a caso il suo zaino.

La signora ha le lacrime agli occhi.

Francesco pensa a monsieur LaPadite, gli pare di sentire l'eco di quel suono che gli è rimasto nelle orecchie.

tic

tac

tic

tac

Rivolta più a se stessa che a loro, la signora dice: "Perché io non lo so, io non lo so... Se fossi stata dall'altra parte, se qualcuno avesse bussato alla mia porta, non so cosa avrei fatto io".

2.

"Chi ha inventato il posacenere?"

"Smettila con 'ste domande del *****."

Kappa ha anche questa fissazione: il "chi ha inventato". Una malattia, più che un interesse, "una disfunzione mentale" come diceva un loro compagno della Vecchia Scuola che era più noioso del prof con la pelata. Non è che Kappa debba sapere, a lui basta chiedere di ogni cosa il "chi ha inventato". È raro che lo scopra, perché poi non lo cerca in rete, gli basta averne parlato anche solo un minuto, averne riso. Deve averlo chiesto, in sostanza.

Perché poi finisce sempre allo stesso modo: "Il signor Posacenere".

"Ah ah," sorride Francesco.

"Auguri, fratello. Ti ho portato un regalo dalla signora Felpa."

Senza scendere dal guardrail sul quale è appollaiato, dando le spalle alle macchine che sfrecciano sul lungofiume, Kappa tira fuori dallo zaino una felpa arancione con sopra il murales di Banksy, quello con la bambina che vola via appesa a dei palloncini all'elio.

Uao, pensa Francesco. Mezzanotte spaccata, e un vero amico che se lo ricorda per primo, come sempre, prima della tempesta di inutili auguri del mondo virtuale.

"*****, grazie, bro," dice.

Da bambino Francesco credeva che fosse qualcosa di stupido festeggiare quel giorno lì, proprio quel giorno lì tutti gli anni. Infilandosi il regalo di Kappa sopra il doppio strato di maglioni gli viene in mente – ma perché? – la festa del suo decimo compleanno. Si usavano piatti e bicchieri di plastica: sua madre diceva che era "più pratico". E a Francesco piaceva schiacciare sui bordi dei piatti con le dita e farli scoppiare: rat-ta-ta-ta-ta. Tutti i bambini intorno al tavolo con le pizzette, la Coca-Cola, i biscotti e la Fanta, tutti in cucina a schiamazzare e lui, con lo sguardo oltre, a immaginare quando sarebbe stato grande.

Devo rasarmi di nuovo, pensa Francesco battendo il palmo destro su quello di Kappa. Il loro gesto termina con i due pugni uno contro l'altro, è l'amicizia pura quel colpo tra i due dorsi delle loro mani chiuse che ogni volta si ripete quando arrivano, quando ripartono o quando festeggiano qualcosa. Anche solo una battuta che li fa piegare.

"Che stavamo dicendo?" chiede a Kappa guardando le luci delle case che si specchiano sul fiume.

Di tanto in tanto capita che cambino discorso e poi non si ricordino più di cosa stavano parlando. A volte, proprio quando ormai stanno rinunciando a ricordarselo, torna in mente a uno dei due. Se no vuol dire che non era importante.

"Boh. Mi stavi raccontando dei tuoi, di domani sera dal tuo amico."

"Già... No, ma quello era mille ore fa, Kappa."

"..."

"..."

Cercano sempre di risalire il discorso a ritroso, provano a ricreare il momento in cui hanno cambiato argomento. Sono in grado di andare avanti per ore.

"No, vabbe', obiettivamente è impossibile ricordarselo. Prova a scendere e a risederti qua."

"Dai, serio, sarà stato sei minuti fa, Kappa."

"Ah, sì, aspetta, eri sul pullman con quelli della Scuola Nuova."

"...vedi che non sei completamente bruciato?"

"Mi parlavi di quella secchiona, quella con i capelli rossi che ti sta sulle palle."

"Che memoria...! Lascia stare. Comunque avevo finito, adesso che mi ricordo."

3.

Dopo l'incontro al dopolavoro ferroviario Francesco era tornato a casa per cena, prima di filare da Kappa. I suoi erano di là, in salotto. Seduti, composti come due scope, davanti allo schermo piattissimo, a guardare qualche cagata atomica del tipo serie tv italiana sul poliziesco-romantico tendenzialmente semiangosciante. Col protagonista belloccio stile ragazzo della porta accanto che è lì lì per morire, colpito a sangue per aver salvato una ragazzina in pieno stupro o una vecchia in pieno scippo. Con i cattivi che sono cattivi in modo surreale, neanche fossero nazisti, e sai già come andrà a finire.

Vedendo i suoi, Francesco era stato investito dal ricordo dei genitori di Simone, al funerale. Quel giorno per la prima volta nella vita aveva pensato a quanto fossero vulnerabili gli adulti: li aveva visti minuscoli, erano trattenuti ma era come se tremassero, come se si appoggiassero l'uno all'altra per non cadere. E per la prima volta nella vita aveva conosciuto quella sensazione, che senza un avvertimento dalla pancia l'aveva trafitto in su. Un dolore da vomitare fuori, se avesse saputo come fare.

I suoi si erano accorti di lui dopo qualche secondo, suo padre aveva interrotto il film e lo aveva apostrofato con uno dei suoi "Ciao, giovanotto" o "Tutto bene, Franci?". Ma Francesco era ancora lì a pensare a Simone, era lì che gestiva quel male nel petto a ricordargli quando quel male non c'era, quando Simone scassava anche, ad allenamento, ma era vivo. Era così andato via per sempre che non poteva essere vero. Era così *morto*, *****.

Francesco non aveva risposto, ma era rimasto appoggiato all'entrata del salotto con le maniche del maglione strette fra i pugni, con i denti serrati in uno sguardo che forse era sembrato sul piede di guerra, a suo padre che manco sapeva dove era stato tutto il pomeriggio. Se Francesco avesse fatto l'errore di iniziare a raccontare, lui sarebbe partito con uno dei suoi aneddoti sulla guerra o su chissà cosa, di quelli che snocciolava solo per sentire il suono della sua voce, e che finivano immancabilmente con una strigliata e con un "a quei tempi...".

Un momento di tensione c'era stato, ma era domenica sera, e Francesco aveva evitato lo scontro con una balla: "Scusa, stavo pensando alla Scuola Nuova, a domattina".

I suoi avevano altro per la testa che stare a litigare con lui. Sua madre lo aveva osservato con attenzione mentre suo padre ripeteva che "non è che da grande ci si può distrarre sempre così, avrai delle responsabilità" eccetera eccetera eccetera.

Francesco aveva annuito, perché il suo vero obiettivo era ottenere il permesso di andare da Andrea la sera successiva.

"Ma che maratona è se deve tornare a casa a dormire?" aveva chiesto sua madre.

Forse perché era anche lei mezza malata di cinema e serie tv, aveva preso le sue difese, uno di quegli eventi che capitano una volta all'anno.

E suo padre non era preparato a essere contraddetto. L'aveva guardata un po' storto, prima di dire al figlio: "...e va bene, Franci, ma stasera mezzanotte".

"Ma a mezzanotte è il mio compleanno, tempo che saluto Kappa..."

"Ok, al massimo mezzanotte e mezza."

Oh, che concessione, *******, questo Francesco l'aveva solo pensato e si era limitato a rispondere, concentrandosi sull'indomani sera: "Ok, Pa, grazie".

4.

Sei nato nel 1904 ad Amburgo, e ti chiami Heinz.

Hai presto ereditato da tuo padre l'impresa di legname di famiglia: una grande responsabilità per un ragazzo di diciotto anni. Questo ti ha reso un gran lavoratore: sei pragmatico e non ti piacciono le persone che perdono tempo a parlare.

Hai accolto con fastidio l'ascesa al potere del nazismo nel 1933 ma quattro anni dopo, per non avere grane, hai aderito al partito. Nel 1939 hai deciso di arruolarti nella polizia e di lasciare momentaneamente a tua moglie il compito di mandare avanti l'impresa di famiglia. La guerra è iniziata e tu avresti voluto stare lontano dal fronte, per questo ti hanno consigliato di arruolarti nel Battaglione di polizia 101. La tua attitudine al lavoro però ti ha reso presto indispensabile: dopo pochi mesi sei stato inviato nella Polonia appena occupata per fare da autista al tuo comandante, il maggiore Trapp.

Un anno dopo hai fatto richiesta di congedo per tornare a casa, ma ti hanno spedito a sorpresa a un corso di addestramento per ufficiali. Nel novembre del 1941 sei stato nominato tenente e l'anno successivo ti hanno assegnato al comando del primo plotone della prima compagnia.

Siamo nel 1942: hai 38 anni, comandi circa cinquanta uomini, la maggior parte dei quali è come te di Amburgo, anche se non ne conosci quasi nessuno. Sopra di te nella scala gerarchica c'è il comandante della compagnia e tutti siete comandati dal maggiore Trapp, che hai la fortuna di conoscere personalmente. Ti senti sicuro di te perché, a differenza di molti dei tuoi colleghi e sottoposti, hai un'attività fiorente che ti aspetta a casa, e non hai bisogno di fare carriera.

Francesco ha gli occhi chiusi, come tutti i suoi compagni della III C.

Gli è appena stato affidato questo personaggio di nome Heinz e lui per un istante, a leggere che era nato ad Amburgo, ha sperato che fosse l'uomo con le braccia incrociate o quello che l'aveva fotografato. Ma non può essere così. Ok, che sia esistito o meno, questo Heinz è probabilmente un conformista. Nel silenzio Francesco prova a immaginare il suo volto, la sua incoerenza, le sue mani, la sua voglia di stare alla larga dalla guerra, le discussioni con la moglie quando le ha detto di essere stato messo al comando di cinquanta uomini del Battaglione di polizia 101.

"Questo significa che andrai in guerra?" potrebbe avergli detto lei, preoccupata.

"Questo non significa niente, stai tranquilla."

Francesco si immagina che Heinz avrebbe risposto così. Non è uno che perde tempo in chiacchiere.

Dopo un paio di minuti, Gianluca dice di aprire gli occhi. Francesco non osserva il resto dell'aula, ma si accorge che alcuni in classe stanno cercando di capire le reazioni degli altri. Forse qualche suo compagno aspetta una battuta, una frase che riporti tutti agli anni duemila. Ma nessuno parla.

Si sente solo la voce di Elena, che dice pacata: "Il 20 giugno 1942 il Battaglione 101 riceve a sorpresa l'ordine di partire per la Polonia, occupata dai nazisti da quasi tre anni. Nelle ore che seguono la notizia, i cinquecento componenti del battaglione si confrontano e si chiedono quale sarà il loro compito. Molti sono convinti che dovranno fare servizio di guardia, alcuni immaginano invece che verranno mandati a combattere contro i partigiani polacchi. Dopo tre settimane, nelle primissime ore del mattino del 13 luglio, gli uomini del Battaglione 101 vengono svegliati nella scuola adibita a caserma del loro quartier generale. A ciascuno vengono distribuite alcune munizioni. Fuori fa ancora buio. Gli uomini salgono sui camion in partenza. Il convoglio esce dalla città e si dirige verso est, su una strada sassosa. Si procede lentamente, nessuno parla. Per percorrere trenta chilometri ci vogliono due ore".

Francesco d'istinto abbassa di nuovo le palpebre. Il caldo che sta riempiendo la classe gli fa immaginare le notti d'estate, quando il sole è ancora in cammino dietro le stelle ma puoi stare in maglietta. Ma forse in Polonia non era e non è così, forse lì si congela anche a luglio.

Elena prosegue: "Alle prime luci dell'alba il battaglione arriva nel villaggio di Józefów, un tipico centro abitato polacco di poche migliaia di abitanti, con modeste case bianche dai tetti di paglia. Il villaggio è immerso nel silenzio. Gli uomini saltano giù dal camion e si radunano in semicerchio intorno al comandante, il maggiore Trapp. Un uomo di cinquantatré anni, che tutti chiamano affettuosamente Papà Trapp. Trapp è pallido e nervoso, ha la voce debole e le lacrime agli occhi. Sta cercando palesemente di dominare le proprie emozioni... Mettetevi in riga, ragazzi, spalla contro spalla. Come nella foto".

Mentre Elena parla, Gianluca proietta un'immagine sulla Lim: ci sono un centinaio di uomini con gli zaini sulle spalle, disposti a ferro di cavallo – un semicerchio con gli angoli retti – che guardano quello che è probabilmente il loro comandante. Trapp, forse. Uno di quelli di spalle in primo piano ha il viso leggermente girato: Francesco vede l'orecchio sinistro e i capelli corti ma non troppo, intuisce lo sguardo concentrato. Pensa che potrebbe essere lui, Heinz, e si chiede cosa stia pensando. Dai piccoli altoparlanti del pc nell'aula rimbomba una voce maschile, decisa ma non imperativa.

È il maggiore Trapp che parla: "Il Battaglione 101 oggi dovrà svolgere un compito estremamente spiacevole. L'incarico che ci è stato assegnato non è di mio gradimento, sappiatelo. Anzi, è increscioso. Ma gli ordini sono ordini, e questo, come potete immaginare, viene dalle più alte autorità... Ricordatevi: in Germania stanno piovendo le bombe sulle nostre case e sulle nostre famiglie, sulle nostre donne e sui nostri bambini. Ricordatevelo, se pensate che questo vi possa aiutare a portare a termine il compito che ci è stato assegnato. E ricordatevi anche che gli ebrei hanno istigato il boicottaggio con il quale gli Stati Uniti hanno messo in ginocchio la nostra amata Germania. In questo villaggio ci sono alcuni ebrei che tramano con i banditi che combattono contro il nostro esercito. Ci è stato ordinato di stanarli. Gli uomini giovani e in forze verranno mandati a lavorare per il Reich. Tutti gli altri dovranno essere fucilati. Se qualcuno, specialmente tra i meno giovani di voi, non si sente all'altezza di questo compito, faccia un passo avanti. Tutti gli altri rimangano in riga".

tic

tac

tic

tac

"Tutti gli altri dovranno essere fucilati," ha detto Trapp. Donne, vecchi e bambini, dunque.

La III C è immobile, ferma come si ferma il tempo quando calci la palla verso la porta e ti sembra che il mondo rallenti fino ad arrestarsi per qualche brandello di secondo.

tic

tac

tic

Ognuno in questo momento starà cercando di capire cosa farebbe il suo personaggio, pensa Francesco. "Se qualcuno non si sente all'altezza di questo compito, faccia un passo avanti": Trapp ha concesso ai suoi uomini di rifiutare. "Specialmente tra i meno giovani di voi," ha aggiunto, o qualcosa del genere. Il "suo" Heinz ha 38 anni, come si deve comportare?

Perché, si chiede Francesco, sentendo il sudore scivolare sotto la maglietta, i miei piedi sono inchiodati al pavimento, perché è così difficile fare questo ***** di passo avanti???

5.

tac

tic

tac

tic

tac

Alla fine Heinz ha mosso il piede sinistro.

Cioè, l'ha mosso Francesco, pensando di essere Heinz.

L'ha fatto per secondo, dopo un compagno che si chiama Paolo, o Fabio, uno con i capelli lunghi e senza un pelo di barba che non ha mai detto una parola negli incontri con Elena e Gianluca. Quando l'ha visto muoversi, Francesco ha pensato all'ultima frase che c'era sul suo foglio, la sua ancora di salvezza... l'ancora di salvezza di Heinz: "Ti senti sicuro di te perché, a differenza di molti dei tuoi colleghi e sottoposti, hai un'attività fiorente che ti aspetta a casa, e non hai bisogno di fare carriera".

Il passo avanti l'hanno fatto in cinque su ventitré. Gli altri compagni sono ancora congelati, otto o nove di loro sembrano addirittura sull'attenti.

"Ragazzi, ora possiamo sederci di nuovo in cerchio," dice Elena.

Il rumore delle sedie che vengono disposte una a fianco all'altra riporta la classe al presente.

Gianluca, con un tono che sembra quasi volersi scusare per averli messi per qualche minuto in imbarazzo, prende la parola: "Quel giorno solo una dozzina dei cinquecento uomini di Trapp fece il passo avanti. In proporzione, addirittura molti meno di quelli che l'hanno fatto qui. Perché furono così pochi, secondo voi, quelli che si rifiutarono di uccidere?".

"Io ero Karl," dice Alessia, con la voce ancora tremante. "Non ho fatto il passo avanti perché non ero tra i più anziani, come era scritto sul mio foglio, e avevo paura di... non so, di punizioni. Ho quattro figli che mi aspettano a casa. Cioè io, Alessia, l'avrei fatto, ecco, ma ho pensato..."

"Hai fatto bene a provare a immedesimarti," la interrompe Elena con dolcezza. "Era quello che ci aspettavamo da voi."

"Bruno non ha fatto il passo in avanti perché voleva fare carriera, e in guerra bisogna fare quello che ti ordinano," dice Matteo, scrocchiando leggermente il collo sulla spalla sinistra.

"Grazie... Matteo," dice Gianluca. "Qualcun altro che era Bruno, cioè che aveva il personaggio di Bruno, la pensa diversamente?"

"...io... in realtà sono rimasto fermo anch'io," dice Andrea torturandosi il cespuglio con le dita. "Ho guardato gli altri e ho pensato che Bruno non era coraggioso. Mi sembrava tutto ancora più reale che in un film, e ho provato a pensare come Bruno, ecco."

Andrea non ricambia lo sguardo di Francesco, che vorrebbe dirgliene due perché ha appena dato ragione al suo nemico, e il nemico del tuo amico dev'essere tuo nemico, no? Ma forse, in questo caso, Matteo la ragione ce l'ha.

"Sì, anche Heinrich, il mio personaggio, è rimasto fermo," aggiunge una compagna, l'unica che nell'intervallo non scende mai e rimane in classe a leggere. "Sul foglio c'era scritto: 'La politica non ti è mai interessata', ed è solo per questo, secondo me, che Heinrich non ha preso la tessera del partito nazista. C'è scritto anche: 'Ricordi bene quel giorno in cui Hitler venne nel porto di Amburgo a inaugurare una nave militare: non capisti la follia di quell'uomo con le braccia incrociate in mezzo alla folla, l'unico a non fare il saluto nazista'. Non so se definire il mio personaggio codardo, ma comunque penso che sia un signore abbastanza anonimo. E poi conosce di vista altri uomini del battaglione, e secondo me, paradossalmente, non vuole fare la figura del codardo a rifiutarsi. Almeno credo."

"Giustamente," dice Elena, "Andrea e Jasmine hanno parlato di coraggio. C'è anche un altro fattore, che può sembrare marginale. Pensateci, però: molti non riuscirono a cogliere l'opportunità di sottrarsi all'ordine di Trapp. In Europa orientale lo sterminio è in corso da più di un anno. I nazisti hanno adibito e stanno costruendo o ampliando vari campi che forse non avete mai sentito nominare: i centri di annientamento di Chełmno, Bełżec, Sobibór e Treblinka, e i due campi misti di Majdanek e Auschwitz, nei quali veniva anche sfruttato il lavoro schiavo. A gennaio di quest'anno, il 1942, in una riunione tra i gerarchi nazisti vicino a Berlino, a Wannsee, si è tentato di organizzare lo sterminio. 'Un segreto condiviso, anche se non nei dettagli, da decine di migliaia di individui non è più un segreto' ricordate? Ecco, questi uomini come Bruno, Karl e Heinrich si trovarono a ricevere lo stesso ordine degli uomini delle unità speciali – gli Einsatzgruppen – che uccidevano gli ebrei uno per uno con il colpo alla nuca. Ma, a differenza dei componenti degli Einsatzgruppen, non erano motivati, per niente. In molti avevano cercato in tutti i modi di non andare in guerra. Pochi di loro erano giovani: erano quasi tutti cresciuti in una Germania democratica, il nazismo aveva preso il potere quando la maggior parte di loro aveva già l'età mia e di Gianluca. Solo una piccola percentuale aveva la tessera del partito, perché gli altri probabilmente non condividevano le brutalità di cui era capace, o perché avevano cercato fino all'ultimo di stare alla larga dalla politica. Ma ben pochi di loro, forse nessuno, si aspettavano quest'ordine omicida, e sicuramente non se lo aspettava Trapp. E quasi tutti rimasero congelati, come è capitato a voi. Anche per non sentirsi i diversi del gruppo, come ha sottolineato Jasmine."

Qualcuno abbassa la testa. La prof La-grazia-ormai-è-definitiva è appoggiata con i gomiti sulle ginocchia, e sembra studiare i respiri della III C. Chissà cosa sta pensando.

Martina interviene: "Io ero Heinz. Sono rimasta ferma, cioè fermo, perché conosco personalmente il nostro comandante, Trapp, e comando cinquanta uomini. Se mi fossi rifiutato, si sarebbe scatenata una rissa nel battaglione, magari, non so, e ci sarebbero stati altri morti. Non so. La prof delle medie una volta ci ha detto... no, niente".

Martina diventa così rossa che i suoi capelli quasi cambiano colore, e Francesco prova imbarazzo per quanto è stupido, superficiale e contraddittorio quello che ha appena detto.

"Grazie, Marty," dice Elena senza giudicarla. "Qualcun altro aveva Heinz e magari ha preso una decisione diversa?"

Come non detto: la palla è nel campo di Francesco.

"Ehm, io," risponde dopo un attimo di indecisione, grattandosi la spalla sinistra. "Non voglio diventare un criminale solo perché qualcuno me lo ordina. E poi Heinz ha il **** parato, ha un'azienda di famiglia, e non deve fare carriera. Basta che se ne torni a casa."

The Fray
How To Save a Life

"Where did I go wrong, I lost a friend
Somewhere along in the bitterness
And I would have stayed up with you all night
Had I known how to save a life."

6.

Aspettando Kappa sulla panchina Numerodue (la Numerouno è occupata da due vecchietti di quelli che guardano i cantieri con il cappello), Francesco non riesce a scacciare dai suoi pensieri le frasi che hanno commentato nella seconda metà dell'ora di storia insieme a Elena e Gianluca. Ciascuno di loro aveva ricevuto un paio di strisce di carta, e le aveva lette ad alta voce. Chi voleva poteva commentare, e Francesco non aveva detto niente.

"Cosa significa appartenere a un gruppo? Vi è mai capitato di fare delle cose che non volevate fare? Dove sta il confine tra sentirsi parte di un gruppo e arrivare a sopraffare chi ne è fuori?" aveva chiesto Elena alla fine.

Sì, mi è capitato di stare a guardare delle cose che forse non avrei voluto guardare, alla Vecchia Scuola... sì, e allora? Che c'entra? Francesco aveva pensato che si stesse cercando di giustificare almeno un po' quegli assassini, facendo queste domande così generali, ed era stato uno dei pochi a restare in silenzio fino alla fine dell'ora. Come Matteo.

Molti anni dopo alcuni di questi uomini sarebbero stati processati, e avrebbero provato a spiegare cosa accadde in quei giorni e nelle settimane successive. Le loro frasi venivano da un libro con la copertina grigia che Elena e Gianluca si erano passati nel corso dell'incontro, e gli rimbalzano ancora in testa come echi: "Oggi vedo ancora chiaramente davanti a me il maggiore Trapp che cammina avanti e indietro con le mani dietro la schiena. Aveva l'aria abbattuta e mi parlò. Disse qualcosa come 'Amico... queste cose non fanno per me, ma gli ordini sono ordini'".

"Il maggiore Trapp correva avanti e indietro in preda all'agitazione, poi si bloccò davanti a me, mi fissò e mi chiese se ero d'accordo con quanto accadeva. Io lo guardai diritto negli occhi e risposi: 'No, signor maggiore!'. Allora lui riprese a correre avanti e indietro e a piangere come un bambino."

Kappa arriva con la sua bici e lo zaino che trabocca di bottiglie.

"Ciao, fratello. Pronto per la maratona di *Beer Wars*?"

Francesco grugnisce un "Alla grande", si mette lo zaino sulle spalle e salta sul sellino della bici. Kappa, in piedi sui pedali, parte spedito verso casa di Andrea.

"L'effettivo battaglione" aveva letto Elena dal libro grigio, "era stato completato solo di recente: molti uomini non si conoscevano bene, e non avevano ancora sviluppato solidi legami camerateschi. L'atto di fare un passo avanti quel mattino a Józefów significava staccarsi dai propri compagni e ammettere di essere 'troppo deboli' o 'codardi'. Chi avrebbe 'osato', si chiede con calore un poliziotto, 'perdere la faccia' davanti all'intera truppa?"

Ansimando, Kappa gli parla della Vecchia Scuola, dove tutto scorre uguale.

"Ci manchi, fratello. La tua ex prof di mate parla di te come di uno psicopatico... sei una leggenda, da noi." Francesco gli dà una pacca sulla spalla come a dire "Pedala, amico".

Le parole degli uomini del battaglione, con il suono della voce dei suoi compagni, rimbombano: "Credo che in quel momento fossero presenti tutti gli ufficiali del battaglione, in particolare il nostro medico, il dottor S. Egli doveva spiegarci il modo preciso di sparare per provocare la morte immediata della vittima. Ricordo chiaramente che per fare tale dimostrazione disegnò o tracciò il contorno di un corpo umano, dalle spalle in su, e poi indicò il punto esatto in cui la baionetta fissa andava posta per prendere la mira".

"Quando la prima compagnia fu riunita sulla piazza" Gianluca aveva preso il libro dalle mani di Elena, "istruita sul 'colpo alla nuca' e mandata nel bosco a massacrare gli ebrei, alcuni suoi membri tentarono di recuperare l'occasione perduta: un poliziotto si avvicinò al primo sergente Kammer, che lo conosceva bene, gli confessò che trovava il compito 'ripugnante' e gli chiese un altro incarico. Kammer lo mandò con le guardie in servizio al limite del bosco, dove il poliziotto rimase tutto il giorno. Diversi uomini furono messi di guardia lungo il percorso dei camion. In buon numero, dopo un certo tempo, si presentarono a Kammer e gli dissero di non poter continuare le esecuzioni; anch'essi furono sostituiti e mandati a scortare i camion."

"Le due squadre" aveva proseguito Gianluca, "continuarono ad alternarsi per tutta la giornata. Ci fu una pausa a mezzogiorno, poi le esecuzioni procedettero senza interruzioni fino a sera. Nel pomeriggio qualcuno 'organizzò' una distribuzione di alcol per i membri del plotone. Alla sera, dopo ore e ore di massacri ininterrotti, nessuno degli uomini riusciva a ricordare quanti ebrei avesse ucciso."

Millecinquecento ebrei: questi codardi avevano sterminato millecinquecento persone in un giorno, nei pressi del villaggio di Józefów.

"Il numero di coloro che schivarono o abbandonarono le esecuzioni," aveva aggiunto Gianluca, quasi sottovoce, "non è insignificante, ma non bisogna dimenticare che almeno l'ottanta per cento degli uomini continuò a sparare finché i millecinquecento ebrei non furono sterminati."

Man mano che Francesco ascoltava i ricordi di quegli uomini che i compagni leggevano con voci insicure, come a volerli tenere lontani, lo invadeva una nausea che ora il vento gelato intorno alla bici di Kappa gli sta finalmente levando di dosso, sulla discesa dietro lo stadio.

"La fucilazione mi appariva talmente ripugnante che mancai il quarto uomo. Non riuscivo proprio più a mirare bene. Improvvisamente mi venne da vomitare e scappai via dal luogo dell'esecuzione. No, mi sono espresso male. Non era che non potevo più mirare bene: la quarta volta sbagliai apposta. Poi corsi nel bosco, vomitai e mi sedetti contro un albero."

"Non è affatto vero che coloro che non volevano o non potevano uccidere altri esseri umani con le proprie mani non potevano evitarlo. Non c'era alcun controllo serio. Era inevitabile che questo o quel compagno notasse che non partecipavo alle esecuzioni e non sparavo alle vittime. Per esprimere il loro disgusto mi coprirono di insulti come 'faccia di merda' e 'smidollato'. Ma non subii alcuna conseguenza per le mie azioni. Devo aggiungere che non fui l'unico che si sottrasse alle esecuzioni."

L'appartamento dove Andrea vive con i suoi e sua sorella più grande è al secondo piano del blocco di cemento in fondo alla strada.

Dopo scuola Francesco l'ha accompagnato fin sotto casa e ora la indica a Kappa.

"Leghiamola lì," dice puntando un palo.

"Quando arrivarono in caserma a Bilgoraj, gli uomini erano depressi, arrabbiati, amareggiati e scossi " Gianluca aveva letto un altro brano. "Mangiarono poco ma bevvero molto. Furono messe a disposizione generose quantità di alcolici, e molti uomini si ubriacarono. Il maggiore Trapp si occupò della distribuzione, e nel frattempo cercava di consolare e rassicurare i suoi uomini, incolpando le alte autorità. Ma né l'alcol né le parole del maggiore riuscirono a cancellare il senso di vergogna e di orrore che pervadeva la caserma. Trapp chiese agli uomini di non parlare di quanto era successo, ma quell'esortazione era superflua: chi non era stato nel bosco non volle sapere niente e chi c'era stato non volle parlarne, né allora né in seguito. Per tacito consenso, i membri del Battaglione 101 non discussero del massacro di Józefów: 'l'intera faccenda era tabù'."

Francesco suona il citofono.

Preme l'indice forte, come a voler scacciare via le voci degli uomini del Battaglione 101, che ancora gli parlano, uno dopo l'altro.

"Se mi si domanda perché in un primo tempo ho sparato con gli altri, devo rispondere che nessuno vuole essere considerato un codardo. Una cosa è rifiutare di sparare dall'inizio, un'altra è rinunciare dopo aver provato."

"Tentai di uccidere solo bambini, e ci riuscii. Siccome le madri tenevano i bambini per mano, il mio vicino uccideva la madre e io il figlio, perché ragionavo tra me che dopotutto, senza la madre, il figlio non avrebbe più potuto vivere. Il fatto di liberare i bambini che non potevano più vivere senza le madri mi pareva, per così dire, consolante per la mia coscienza."

"Buchmann se n'era andato subito nella sua camera e si era chiuso dentro. Non mi parlò per diversi giorni, anche se ci conoscevamo bene. Era molto arrabbiato e protestava vivamente, diceva: 'Adesso basta con questa merda, ne ho le tasche piene' o qualcosa del genere."

Andrea si affaccia.

"Non sono ancora sordo, Fra!! Ciao, Kappa, piacere," sorride. "Vi apro."

"Il battaglione continuò a svolgere il suo compito," aveva detto a un certo punto Elena. "In poco più di un anno partecipò all'uccisione diretta di altre trentottomila persone e collaborò alla deportazione e allo sterminio di altre quarantacinquemila. Questa storia l'ha raccontata lo storico Christopher Browning nel suo libro *Uomini comuni*."

Con Kappa alle calcagna, Francesco sale le scale a falcate, accompagnato dal rumore delle birre nello zaino e dal ricordo delle voci di quei maledetti "uomini comuni".

"Non mi risulta che nessuno sia mai stato costretto a continuare a uccidere se dichiarava di non essere più in grado di farlo. Per quanto riguarda le azioni che richiedevano la partecipazione di un gruppo o di un plotone, devo ammettere onestamente che c'erano sempre dei compagni più disposti a fucilare gli ebrei di altri, perciò i vari capi delle squadre non ebbero mai difficoltà a reperire i tiratori necessari."

"Devo sottolineare che sin dai primi giorni feci intendere chiaramente ai miei compagni che disapprovavo quelle misure, e non mi proposi mai come volontario. In un rastrellamento diedi un pugno in faccia a un commilitone che aveva bastonato una donna ebrea in mia presenza. Fui denunciato, e così i superiori seppero del mio atteggiamento. Non venni mai ufficialmente punito. Ma chi sa come funziona il sistema sa anche che, oltre alle sanzioni ufficiali, è possibile escogitare dei cavilli che sono più che una punizione. Infatti mi toccavano i servizi di domenica e i turni speciali di guardia."

“Si disponeva sempre di una certa libertà di movimento di qualche metro, e appresi molto presto per esperienza che il capo del plotone sceglieva quasi invariabilmente quelli che stavano vicini a lui. Allora io cercavo sempre di trovare una posizione più lontana possibile dal centro degli eventi.”

Andrea apre la porta. “Siamo solo noi cinque,” dice. “Mia sorella è a dormire dal tipo.”

“Ricordo inoltre che cominciammo gradualmente a fucilare, con maggiore sistematicità di prima, anche i polacchi che ospitavano gli ebrei. Quasi sempre bruciavamo anche le loro fattorie.”

Francesco aveva pensato a monsieur LaPadite e alle sue tre figlie, e poi a Heinz. Chissà se è veramente tornato a casa, o se è diventato una ***** come gli altri, si era chiesto. A lui era capitata una frase migliore, rispetto a tanti suoi compagni:

“Nel corso delle piccole azioni capitava spesso che liberassimo gli ebrei che avevamo catturato. Ciò accadeva quando eravamo sicuri che nessun superiore ne avrebbe saputo niente. Con il tempo si imparava a valutare i propri commilitoni e a capire se si poteva correre il rischio di agire contro gli ordini e lasciare andare gli ebrei catturati, invece di fucilarli.”

Poi Elena aveva letto ancora una frase da quel libro, *Uomini comuni*. Alle sue spalle Gianluca aveva proiettato una foto. Una trentina di uomini in divisa, non più giovani. Alcune bottiglie di vino e alcuni bicchieri davanti a loro. Molti sorridevano, alcuni ridevano. Una foto di gruppo, una foto ricordo. C’era anche una donna.

"Uscire dai ranghi" c'era scritto sul libro, "e fare un passo avanti, cioè adottare apertamente un comportamento non conformista, era al di là della portata di molti uomini. Per loro era più facile uccidere. Perché? Fare un passo avanti significava lasciare il 'lavoro sporco' ai compagni. Ma il battaglione era costretto a eseguire gli ordini: rifiutare di uccidere significava dunque rifiutare di condividere una sgradevole incombenza collettiva, e appariva come un atto asociale nei confronti dei compagni. Coloro che dichiaravano di non voler partecipare ai massacri rischiavano l'isolamento, il rifiuto e l'esclusione: una prospettiva assai sgradevole per chi, inserito in un'unità chiusa, di stanza all'estero tra una popolazione ostile, non poteva volgersi altrove per trovare appoggio e contatti sociali."

Alle spalle del cespuglio di Andrea ci sono Alessia e Martina. Kappa alza la mano in un cenno di saluto, Francesco abbozza un sorriso di circostanza, sorpreso dall'apparizione. E pensa alla domanda con cui Elena aveva chiuso l'incontro, con il libro in mano: "Se in quelle circostanze gli uomini del 101 divennero assassini, quale gruppo umano può reputarsi immune da un tale rischio?".

7.

Non se l'aspettava, Francesco.

Andrea aveva giocato sporco: probabilmente voleva vedere anche Alessia e sapeva che da sola non sarebbe andata a casa sua.

Lei si era portata Martina, e la loro serata tra maschi era andata a gambe all'aria così.

Ma le birre avevano dato una mano a sbloccare la situazione. D'altra parte perché mai rovinare una notte fuori casa? Non gli capitava da mesi, tanto meno di lunedì (sia lodato il compleanno), e poi le trilogie di *Star Wars* erano da vedere, assolutamente.

"Figo, dai, non ne ho mai visto neanche uno!" Quando Martina aveva iniziato a chiacchierare, Francesco aveva pensato che fosse un'altra. Quasi normale.

"Oh, Kappa, ma lo sai che cazzata ha fatto Francesco, l'altro giorno?" aveva aggiunto come se conoscesse il suo amico da anni.

Sembrava che Martina nemmeno si sforzasse di rendersi piacevole.

Agli occhi di Kappa lo era proprio, sembrava evidente. E Francesco alla fine della maratona non aveva ancora capito se questo gliela rendesse più simpatica o più antipatica.

"Sì, mi ha accennato, dev'essere stata una scena niente male, no? Mica mi scelgo gli amici a cazzo, io," aveva ridacchiato Kappa stappando la seconda Moretti in mezz'ora con l'accendino e passandola ad Alessia, mica ad Andrea o a Francesco. Un signore, proprio: un cavaliere degli anni duemila.

La notte era volata via. Una dozzina di Moretti in cinque e i primi tre episodi di *Star Wars* in ordine cronologico. Si erano promessi che sarebbero andati avanti dopo il viaggio ad Auschwitz.

Durante la terza proiezione, quando Anakin Skywalker passa al Lato Oscuro e diventa Dart Fener, Kappa si era addormentato. Nella storia dell'eterna lotta tra Bene e Male, lui era rimasto sospeso a metà, con una sigaretta spenta appiccicata alla bocca e le mani incrociate sul petto.

"Carina, no?" aveva detto mentre accompagnava Francesco alla Scuola Nuova, sbuffando la fatica della pedalata sulla salita dietro lo stadio.

"Chi?"

"Secondo te? Alessia è territorio di Andrea..."

"Ma per piacere, Kappa," aveva sbadigliato Francesco tirandosi su il cappuccio come per coprirsi dalla luce che l'alba rifletteva sui vetri dei palazzi, laggiù.

Tu che non vuoi, tu che non sai

1.

Quando abbassi le difese perché credi che l'altro abbia smesso di combattere, a lui o a lei parte un colpo a sorpresa, magari neanche voluto. E tu vai giù. E quando sei con il culo per terra non puoi certo chiedere aiuto a chi ti ha spinto. Soprattutto se sei un "buonannulla" perché i "buonannulla" – ma che parola è, si può sapere? – non sono certo in grado di riprendersi da una legnata della propria madre, se non sono buoni a far nulla.

Era andata così: in mezzo alla strada, proprio in mezzo, c'era questo ragazzo con un giaccone con il cappuccio tirato su, impalato con le mani in tasca come se stesse aspettando qualcosa o qualcuno. Da lontano Francesco non riusciva a riconoscere il suo volto. Era notte, il semaforo lampeggiava e si sentiva un'ambulanza arrivare da chissà dove o andare via. Francesco si era avvicinato scansando il traffico e gli era arrivato alle spalle. Quello si era girato senza fretta, e aveva sfilato una pistola piccola (che ci fa questo con una pistola?) che assomigliava tantissimo a quella del tizio che spara all'ultimo ebreo di Vinnycja. Francesco era rimasto congelato per un istante, aveva alzato le mani d'istinto. Era tranquillo, di brutto. Finché il ragazzo non si era tolto il cappuccio con un gesto familiare, troppo familiare. Francesco aveva visto il suo volto come allo specchio, anzi come se si specchiasse in una vetrina, e non era riuscito a saltare via da quell'incubo prima che quell'altro se stesso che aveva di fronte dicesse "smidollato". Una parola, "smidollato", e nient'altro.

Come ***** parlo? era stato il primo pensiero di Francesco mentre scattava a sedere sul divano, zuppo come una spugna. Il cuore si sentiva talmente in gabbia nel suo petto che sembrava che un battito su due lo facesse rimbalzando sulla parete di fronte.

Per la legge di Murphy lei era tornata prima del solito perché voleva lavorare da casa, e l'aveva trovato stravaccato sul divano con una mano sul pc acceso e il cellulare nell'altra appoggiata sulla gamba. In piena fase rem, quella leggera in cui si sogna. Lo osservava con aria di disapprovazione, di sicuro aspettando che lui si svegliasse. Si era limitata a guardare l'orologio, accertandosi che lui cogliesse il senso del gesto. Lo schermo del pc segnava le 17.34.

"A quest'ora dormono solo gli scansafatiche" era il senso del gesto.

"Cosa ti aspetti, dopo una maratona, Ma?" le aveva detto lui mentre cercava di scacciare via l'incubo passandosi il palmo della mano sui capelli che si era appena rasato di nuovo, ma in realtà avrebbe voluto aggiungere "...tu, che sei stata bambina negli anni ottanta e che ti sarai ammazzata di tv per tutta la tua adolescenza".

"Sei solo un buonannulla," aveva risposto sua madre con sufficienza, come se gli avesse detto "vado a fare la spesa", e si era chiusa nello studio del padre, che a volte usava lei nel pomeriggio. Era stato peggio di uno schiaffo:

Francesco era più preparato a ringhiare mentre lei gridava che a rimanere così, con neanche una mezza risposta strozzata in gola.

Ora è in camera sua, che ha ritirato fuori *Call of Duty 3*, quello in cui si combatte in Normandia contro i tedeschi. Ma dopo pochi minuti passati ad armarsi e a iniziare la missione è lì immobile: ha messo pausa ed è a pochi centimetri dallo schermo a chiedersi cosa c'è dietro il volto di quel soldato della Wehrmacht che giace tra le macerie, cosa potrebbe aver pensato prima di morire e quanti anni avrà, come se non sapesse che un videogioco è finzione.

È lì a dirsi che la prof, Elena e Gianluca non hanno mai parlato della guerra combattuta tra militari, ma solo della repressione contro oppositori ed ebrei e delle violenze contro i civili. Forse non ci aveva mai pensato, Francesco, e quella domanda su Hitler e i tedeschi continua a ossessionarlo. Forse può scrivere a Gianluca, perché in classe no, deve salvaguardare la sua reputazione, soprattutto dopo aver detto l'unica-parola-che-dovrebbe-essere-proibita-per-legge-dai-vocabolari, quel giorno che la prof ha chiesto di scrivere delle parole su Auschwitz.

"Non valgo un cazzo." Senza volerlo, Francesco sul balcone si trova a ripensare alle lacrime di rabbia di Simone, mentre guardavano giù prima di andare ad allenamento. Forse lì per lì non gli aveva risposto, magari si erano scritti, forse... Si sfila il telefono dalla tasca dei jeans e cerca la loro ultima conversazione, provando a schiacciare quella sensazione che si fa sempre più intensa mentre il pollice scivola a uno, due giorni prima di quel maledetto giovedì di quindici mesi e un po' di giorni fa.

Trovata.

oh Fra partitone
hai visto che c'era il mister della prima squadra?

Ricevuto alle 23.39 di quel martedì.

Erano dei ragazzini, il mister ci avrebbe messo un altro anno a convocarlo, e già così è di gran lunga il più piccolo di tutti, ora. Ma Simone no, lui è rimasto congelato nei suoi quindici anni.

sì, figo
meglio di così...
posso dirti una cosa Simo?

spara

sei forte
non dico a centrocampo eh dico nella vita
*cioè lo so che a volte è tutta una ***** e non è che non sono d'accordo*
*però tu sei uno in gamba ******

Simone aveva risposto quattro minuti dopo averlo letto:

:-) buonanotte amico

2.

"Eccolo lì che smanetta."

Francesco sta stringendo i denti per buttare giù tutta quella voglia di urlare ed ecco che arriva suo padre, a casa presto come non capita da mesi.

"Lasciami in pace, per favore," risponde senza girarsi. Gli esce un tono calmo, quasi implorante. Ma quell'altro è partito in quarta.

"Sempre chiuso nel suo mondo, lui. Puoi dirmi cosa ti passa per la testa, invece di fare l'insolente? Puoi parlare, ogni tanto?"

Francesco si volta verso il padre stringendo gli occhi come a impedirgli di guardare dentro di lui. E come un trailer senz'audio che procede a scatti con una connessione di merda rivive in un tempo indefinito quest'ultima parte della sua vita che sembra eterna e immobile e allo stesso tempo sfugge via di mano e un giorno si troverà a essere grande e avrà solo se stesso e nient'altro perché un lavoro non lo vuole e perché nel mondo sono tutti bravi a parlare degli altri e a colpirti i fianchi mentre tu riesci a stento ad andare avanti e trovala una persona di cui fidarsi, a parte Kappa ovviamente, e di colpo Francesco pensa che non ce la può fare e che glielo dice, se proprio suo padre vuole sapere cosa gli passa per la testa, lui che è sempre lì a parlare e che ha ordito il Grande Tradimento Genitoriale e anzi di sicuro ha incastrato anche sua madre, che a volte ci sta dentro nonostante quel colpo basso di un'ora fa.

"C'è che io non lo so se voglio fare un viaggio con settecento sconosciuti. Preferisco correre il rischio di diventare Quello Nuovo."

Ora è arrivata anche lei, alle spalle di suo padre.

La famiglia Mulino Bianco al completo, quella che si parla solo per litigare.

"Franci si riferisce al viaggio ad Auschwitz... deve partire lunedì prossimo, ricordi?" Forse lei sta provando a smorzare il tono.

"Certo che ricordo, ricordo della Vecchia Scuola, ricordo tutto. Ma lui ci deve pensare... come se a sedici anni potesse fare lui il bello e il cattivo tempo." Suo padre è stizzito. E lo scimmiotta pure: "Correrò il rischio di diventare che? Cosa stai blaterando?? Puoi parlare come un essere umano?".

Il livello dello scontro sale, bene: cambio di passo. Giocare a calcio ti abitua anche a questo. Ma Francesco oggi non vuole litigare, e neanche discutere, in realtà.

Vuole solo dire un paio di cose.

"Potete ascoltarmi, una volta nella vostra vita?"

Francesco è riuscito a dire "nella vostra vita" e non "nella vostra ***** di vita". Ha scandito queste sette parole con una breve pausa tra una e l'altra e ha anche controllato il volume della sua voce, quasi per miracolo.

Sua madre fa cenno a suo padre di lasciarlo parlare.

"Mi avete mai chiesto chi è Andrea, se non per sapere perché i suoi non erano a casa ieri? Volevate chiedermi come è andata la mia serata con i miei nuovi compagni, vero?" aggiunge con un tono sarcastico ma quasi triste. "Vi siete mai chiesti veramente come va nella Scuola Nuova, ve ne frega qualcosa?"

I suoi lo ascoltano in silenzio.

"Sapete cosa stiamo facendo per prepararci a questo viaggio? Sapete chi sono Elena e Gianluca? Vi ricordate come si chiama la mia prof di storia, per dirne una? Avete mai provato a chiedermi come sto? Come va la mia vita, cosa penso?"

Ancora zitti.

Un monologo così lungo non lo sentivano dai tempi delle medie.

"Solo divieti e permessi," aggiunge Francesco, "solo voi che avete capito tutto e che fate domande retoriche che se non vi rispondo manco ve ne accorgete. Vi giuro che adesso l'ultima cosa che voglio è litigare con qualcuno. Domani ho la prima verifica di mate nella Scuola Nuova, per cui studio un'oretta e poi faccio la borsa. Se ho fame mangio quando torno. Per piacere, ora uscite dalla mia stanza. Per piacere."

Sua madre ha le lacrime agli occhi.

Forse anche suo padre, per una volta, è stato ad ascoltarlo.

3.

Ciao Gianluca, spero di non disturbarti.

Sono Francesco della III C, ci siamo visti l'ultima volta ieri. Sono seduto in fondo al centro, quando non siamo in cerchio, sono sempre vicino a Andrea, il ragazzo con i capelli neri che sembra un riccio che ha preso la scossa. Ah, sono quello che è finito dal preside la seconda volta che siete venuti ;-) Vabbe', passo alle cose serie che tanto qua vedi la mia foto.

Devi sapere subito una cosa: io dico sempre quello che penso (anche se spesso sto zitto come avrai notato). E se devo dirti la verità a me questo Giorno Della Memoria sembrava tutta una montatura, prima che arrivaste voi e monsieur LaPadite e domenica la signora che era stata "bambina nascosta" che per poco non piangeva. E poi quei maledetti "uomini comuni". Sinceramente forse preferivo quando il Giorno Della Memoria era solo un minuto di silenzio. Posso sembrarti egoista, lo so che quello che è successo (la Shoah e tutto il resto) è una tragedia ma ti posso dire quello che sento, come sto?

Ecco, io preferivo non vederli in faccia, questi uomini delle squadre speciali che ammazzavano gli ebrei e in generale la gente che neanche si poteva difendere. Le voci di quegli uomini comuni, io preferivo non sentirle. È vero che viviamo in un mondo pieno di menzogne, ma forse (non lo so) certe verità è meglio non scoprirle, alla mia età almeno.

Te ne dico una, però, di verità: è un piacere avervi in classe. Continua così, e anche Elena (anche se sono più giovane voglio dirvelo, penso vi faccia piacere visto che passate tanto tempo con noi). Io ho sempre creduto che visto che gli adulti non ci chiedono mai cosa pensiamo della vita e delle cose, con loro dobbiamo avere delle distanze di sicurezza da rispettare. Non so se voi siete già adulti o che, non mi sono mai chiesto quando lo si diventa, ma comunque con voi è diverso. Per questo un po' mi dispiace dirti questa cosa, perché immagino che voi stiate preparando questo viaggio da tanto tempo.

Ma io non so se me la sento, di venire laggiù.

*Forse la prof te l'ha detto che sono appena arrivato nella III C perché... vabbe', lascia perdere il perché. Ancora non so se quest'anno riuscirò a portare a casa il risultato oppure no. Ma i voti non c'entrano e non è nemmeno che mi crea problemi l'idea di andare là nel campo di concentramento, capito?, alla fine sarà pure un posto come un altro forse, non so, anche se un po' è normale che spaventi. È un po' più complicato di così. È che a volte è già tanto che riesco ad arrivare a scuola, quando penso alle prepotenze di cui è capace la gente e a come è difficile in certe situazioni fare le scelte giuste e fare i conti con le scelte sbagliate o con quelle che nessuno ci ha chiesto di fare e che la vita ha preso al posto nostro. Lo so che non capisci bene di cosa parlo e lo so che per tutti la vita è una lotta quotidiana. Per dire, quegli uomini comuni e anche quell'altro che sparava all'"ultimo ebreo" o quello che forse rideva alle sue spalle avranno anche avuto le loro ragioni e le cose che si dicono in questi casi e blablabla, ma a me viene la nausea a vedere quanto qualcuno può diventare un pezzo di ***** assassino (visto che tu dici le parolacce le dico anche io, anzi le scrivo ;-)) e non voglio giustificare neanche un minuto del loro comportamento, capisci?*

Non ho ancora deciso se farò il viaggio con voi oppure no, e comunque alla fine saranno i miei a decidere anche se di me non sanno quasi niente. Per dirti, mia madre mi ha appena dato del buonannulla (si scrive così?) e se mi giuri che resta tra noi ti dico che mi capita spesso ma questa volta mi ha dato una bella mazzata, non so perché.

*E forse è tutto collegato ma non capisco ancora bene, però il fatto è che anche oggi stanno accadendo stragi e cose tipo la Shoah e inizio a pensare che se Hitler è riuscito a convincere i tedeschi e chissà quanta altra gente che fosse giusto forse è perché tante persone non si interessavano o stavano a cazzeggiare mentre quelle ***** portavano il mondo alla rovina, no?*

Si vive una volta sola e io la mia vita voglio viverla facendo le scelte giuste. Non so quante volte ti è capitato che un ragazzo forse un po' fuori ti scrivesse così, per cui scusami ancora ma avevo bisogno di scrivere a qualcuno tipo Kappa (è qualcosa come il mio migliore amico e comunque lo vedo dopo allenamento) ma più grande, che Kappa sa un po' di tutto ma di queste cose non è che sia esperto. E comunque lui in realtà approva che io faccia questo viaggio, ieri ci ha detto (a me e Andrea) che torneremo diversi perché va sempre così, con i viaggi in generale e con quel posto lì. Kappa ha solo qualche mese in più di me, ma suo padre ha il camper per cui lui un po' queste cose le sa, ha visto tanti posti e fa sempre un po' la parte del vecchio saggio.

Comunque... cosa pensi di tutto questo mio delirio?

Ecco, volevo scriverti un messaggio e ti ho scritto un romanzo, scusa.

Sappi che se alla fine deciderò di non venire, un po' mi dispiacerà.

Fra

4.

"Impara a usare la tua rabbia, Francesco, non lasciare che ti domini."

Il mister lo guarda prendendogli la faccia tra le mani, ma senza stringerla. I suoi palmi sono larghi quasi quanto il petto di Francesco, a pochi centimetri dalla barba incolta di un uomo che passa le sue serate tra damigiane di vino e fumo di sigarette parlando di schemi e del calcio dei tempi andati, quando sull'erba e sugli spalti c'era il cuore.

Quale rabbia? pensa Francesco ma non lo dice, mentre annuisce un po' stordito.

Il campo è al limite dell'agibilità, e il mister l'ha messo dentro dal primo minuto. Prova a giocare con tre attaccanti, il che significa che gli altri sono scarsi e che per una volta Francesco non parte dalla panchina ma gioca largo a destra, insieme alle due punte titolari.

"Vediamo cosa combina oggi il ragazzino," aveva detto l'altro attaccante esterno, Gianfranco, rivolto più al vento glaciale di inizio febbraio intorno alle poche decine di tifosi che a qualcuno in particolare. Le ultime volte che è entrato, Francesco ha sempre preso il suo posto. Gianfranco è uno spilungone di trentatré anni senza capelli e sempre un po' nervoso, e per la prima volta Francesco si rende conto con certezza che quando Gianfranco esce dal campo non è incazzato solo con il mister ma anche con lui. Perché, ovviamente, se Francesco non esistesse, lui giocherebbe novanta minuti e non cinquanta o sessanta come è capitato nelle ultime partite prima di oggi.

Per questo si sta muovendo male, perché nonostante Abdul – che gioca punta centrale, ed è titolare inamovibile – cerchi di coinvolgerlo nel gioco, Gianfranco lo boicotta un'azione dopo l'altra. Non gli passa la palla, abbozza dei movimenti strani come se il suo obiettivo principale non sia vincere ma confondere Francesco. E non lo guarda mai negli occhi.

Ora, dopo una ventina di minuti, la partita contro il San Giacomo è ferma perché il terzino avversario si è stirato il polpaccio e lo stanno portando fuori, e il mister ha fatto cenno di avvicinarsi a Francesco e poi gli ha detto questa frase che l'ha un po' lasciato senza parole. Il mister lo conosce poco, ma scruta nel fondo dei suoi occhi con una determinazione che Francesco ha notato solo in Kappa quando dice che vuole fare il writer – venendo al campo, Francesco ha visto decine e decine di K blu sui muri del lungofiume. Se va avanti così la città verrà ribattezzata con il suo nome.

"Nella vita troverai sempre qualcuno che ti metterà i bastoni tra le ruote. Fottitene. Credi in te stesso, libera la tua energia. Movimenti secchi, imponi il tuo gioco." Il mister glielo dice appoggiando la fronte sulla sua, come se non volesse farsi sentire da nessuno. Poi gli passa la mano ruvida sui capelli e lo ributta in campo.

Succede qualcosa, dentro Francesco, dopo. Si accorge che, se da un lato Gianfranco gli vuole rendere la vita impossibile, quasi tutti gli altri compagni gli riservano un'attenzione da fratelli maggiori che non ha mai avuto. Lo cercano, lo spronano, lo applaudono anche quando sbaglia un controllo. Dopo l'esordio lampo aveva segnato un'altra volta, è vero, ma sempre giocando brevi spezzoni di partita. Poi l'ultima domenica aveva dovuto saltare la partita per via dell'incontro al dopolavoro ferroviario, e gli hanno detto che è stata la vittoria più sudata degli ultimi due mesi. Forse i suoi compagni stanno iniziando ad accettarlo, forse non bastava qualche Moretti da 66 dopo l'allenamento del martedì.

A fine primo tempo, Francesco segna il suo terzo gol in prima squadra. Un brutto gol di rapina, una zampata in mezzo a una mischia che segue un calcio d'angolo. Poi, poco dopo la metà del secondo tempo, quando ormai si sta accorgendo che la squadra gioca più con lui che con Gianfranco, ma che se Gianfranco iniziasse a collaborare giocherebbero ancora meglio, riesce a fare un rapido scambio con Abdul, dalla linea del fondo crossa e quell'armadio con una specie di mezza rovesciata rapidissima chiude la partita sul 2-0.

Abdul si alza da terra, le sue mani sollevano la maglia e Francesco vede una scritta:

Ciao, Simone.

Non ci aveva pensato: Simo aveva giocato nel San Giacomo da bambino, prima di arrivare da loro. Abdul si avvicina a Francesco e mentre lui sente le lacrime bussare tra la gola e gli occhi, l'attaccante lo prende e lo solleva come se fosse una piuma. Quasi tutti gli altri compagni arrivano ad abbracciarli e Francesco sente solo una gran voglia di piangere, ma riesce a buttare tutto giù.

Il portiere avversario si fa il segno della croce e guarda il cielo.

Gli ultimi quindici minuti spazzano via quel velo di dolore dagli occhi di Francesco.

Si sente vivo, a sfrecciare ancora come se fosse il primo minuto, si sente leggero dopo che questa squadra di gente molto più grande di lui si è stretta intorno al ricordo di Simone, come se fosse uno di loro. Quando l'arbitro fischia la fine, tutti gli avversari vengono a stringergli la mano. Tutti, anche quelli della panchina.

Il mister avversario gli dice, con un sorriso paterno: “In bocca al lupo, ragazzo”.

Fra tre partite c'è il River Bosco, che continua a vincerle tutte come loro. Forse Francesco può ancora sperare di giocarla, per come è andata oggi, anche se la settimana prossima dovrà saltare gli allenamenti. Anche il mister gli ha detto: "Vai: è un'esperienza che ti servirà".

Perché Francesco ha deciso di partire.

Mi hai fregato, vecchia volpe, aveva pensato alla fine della mail di Gianluca, come se fosse prima di un titolo di coda di un film western. Gianluca l'aveva convinto.

A Francesco era scappato un sorriso, ma per fortuna nessuno l'aveva visto.

5.

Caro Francesco,

per prima cosa ti devo dire che sei un ragazzo simpatico e profondo.

Ne ero certo, ma visto che – come dici tu – stai spesso zitto ho avuto bisogno di questo messaggio per averne la certezza matematica. E ora ce l'ho :-) Devo anche dirti che quando ti ho visto centrare in pieno Matteo ho pensato che saresti un ottimo giocatore di baseball ;-) Scherzi a parte, non so quale fosse la ragione del tuo gesto e sappi che se vorrai parlare con me o con Elena di questo o di altre cose noi ci saremo. Non so se siamo adulti o non adulti, io spesso me la cavo dicendo che siamo dei "giovani adulti", ma ti ringrazio per le tue parole che mi e ci spingono a continuare a "occuparci di memoria" e a vivere con voi ragazzi queste esperienze meravigliose.

Tu dici che "forse certe verità è meglio non scoprirle" e io ti rispondo con le parole ultracitate di uno dei più grandi testimoni del nostro tempo, Primo Levi: "È avvenuto, quindi può accadere di nuovo". Questa frase viene spesso perce-

pita come un invito a guardare alla potenziale malvagità dell'essere umano che tu preferiresti non vedere, e ti capisco. Ma Primo Levi era un chimico: la sua è anche una massima scientifica, diciamo. Gli uomini hanno organizzato un sistema burocratico e perfettamente funzionante che ha permesso di identificare, concentrare e sterminare milioni di persone per la sola "colpa" di essere nati o di essersi opposti. Se siamo – sottolineo: siamo – stati in grado di farlo una volta, perché non dovremmo saperlo rifare? Lo so: è difficile identificarsi nelle centinaia di migliaia di persone che in qualche modo sono state coinvolte nell'organizzazione dello sterminio, come quei "maledetti" uomini comuni che hai incontrato. Può fare anche male, ne sono e ne siamo consapevoli. Ma ti chiedo di fidarti di noi.

Non abbiamo nessuna intenzione di giustificare, ma di provare a capire, insieme, come gli esseri umani siano arrivati a pensare e realizzare la Shoah e un luogo come Auschwitz. Non parliamo di tedeschi, italiani, polacchi o francesi, ma di singoli individui europei che vissero sudditi dello stesso impero, il Terzo Reich. Ciascuno di loro scelse (o non scelse) giorno per giorno, ora per ora, da che parte stare. Ciascuno si trovò a scegliere se sparare o imboscarsi, se denunciare i propri vicini, se partecipare alle cacce all'uomo, se ospitare dei perseguitati, per dirne solo alcune. Non pochi, al contrario, si opposero, pensa alle persone coraggiose che hanno permesso di salvarsi alla signora che abbiamo incontrato il Giorno della Memoria. Ma pensa anche a chi, come LaPadite, si trovò di fronte a dilemmi radicali, a chi ebbe atteggiamenti anche contraddittori, perché quando tutto precipita e la palla di neve è diventata una valanga è sempre più difficile rinnovare le proprie scelte. Scelte coerenti, come quelle che vorresti imparare a fare alla tua età, se ho letto bene tra le tue righe. Noi cerchiamo di proporvi alcuni strumenti per poter vivere la vostra vita con consapevolezza. C'è una cosa che

Elena dice sempre, e cioè che la storia non si ripete, mai. La storia "fa le rime", come dice una frase attribuita al mitico Mark Twain. E il nostro obiettivo è che voi impariate, nel vostro piccolo, a sentire queste rime e ad agire di conseguenza, con l'energia che avete alla vostra età. Imparando anche a disobbedire, se pensate che sia la cosa giusta.

Credo di intuire di cosa parli quando mi dici "lo so che non capisci bene di cosa sto parlando", anche se non so niente della tua vita. E allora permettimi di raccontarti un piccolo episodio che riguarda me, un tratto importante della mia vita. Dieci anni fa dovevo andare in Erasmus in una città che non era certo un paradiso, anzi. Pensa che era tappezzata di pubblicità progresso che spiegavano che era il posto in cui si contavano il maggior numero di reati violenti commessi sotto l'influsso dell'alcol di... tutto il Regno Unito! Ecco, io prima di partire avevo quella sensazione – come dirlo – che ti riempie di incertezza, che si muove tra la pancia e il petto. Andavo incontro all'ignoto: non sapevo se mi sarei sentito solo, se avrei trovato dei nuovi amici, se i miei vecchi amici di qua mi avrebbero aspettato o se andarmene per un anno avrebbe cambiato per sempre la mia vita in un modo che non volevo. Avevo solo qualche anno più di te, e una parte di me sapeva che era la cosa giusta da fare, razionalmente lo sapevo. Ma non è che puoi decidere come stai, non è che qualcuno ti insegna a gestire le tue paure.

Sono partito.

Anche se fino all'ultimo (ma questo non lo sa quasi nessuno) stavo per lasciar perdere. Avrei fatto un'enorme cazzata: è stato un anno meraviglioso, ora ho degli amici fantastici (tedeschi, francesi, spagnoli eccetera) sparsi in tutto il pianeta ormai, e il mio modo di vedere il mondo è cambiato. Come per la generazione dei tuoi genitori ha fatto l'Interrail (il biglietto del treno "aperto" che ti permetteva di viag-

giare in tutta l'Europa) o come ha fatto l'Erasmus per la mia, queste esperienze ti permettono di crescere, anche se in molti partono con quella voglia di non partire che ti immobilizza fino all'ultimo. Certo, in questo viaggio andiamo ad affrontare il cuore nero del Novecento, uno dei punti più drammatici della storia dell'uomo. Ma lo facciamo per imparare a porci domande importanti sulla vita e su noi stessi, sul nostro ruolo nel presente. E lo facciamo insieme.

A proposito di Inghilterra: hai presente l'inno del Liverpool, quello che quando lo cantano i tifosi a squarciagola ti viene la pelle d'oca? So che ami il calcio, quando ce l'hai detto ti brillavano gli occhi, e ti auguro di continuare a coltivare questa tua passione e le altre che scoprirai nella tua vita. Comunque, l'inno (cercalo su YouTube: You'll Never Walk Alone*) dice più o meno così:*

Quando cammini
in mezzo a una tempesta
alza bene lo sguardo
e non aver paura del buio.

Alla fine della tempesta,
c'è una stella dorata
e la dolce canzone d'argento
cantata dall'allodola.

Cammina nel vento,
cammina nella pioggia,
anche se i tuoi sogni
saranno sconvolti e infranti,
continua a camminare,
continua a camminare con la speranza nel cuore
e non camminerai mai solo.

Non sei un buonannulla, Francesco, e penso che sia normale alla tua età avere degli scazzi con i tuoi. Vedrai che farai grandi cose, vedrai che loro riusciranno a dimostrarti quanto bene ti vogliono, rispettando la tua inquietudine e la tua voglia di futuro. Continua a camminare, a testa alta. E Kappa mi sembra un tipo in gamba, da come me ne parli. D'altra parte è tuo amico :-) Anche se non lo conosco, sono certo che sarà felice di ascoltare i tuoi racconti della settimana passata con i tuoi nuovi compagni, con noi e con la "comunità viaggiante" che sta per partire. Vedrai che incontrare persone diverse ti aiuterà a conoscere meglio anche te stesso. Ovviamente la decisione finale non spetta a me, ma mi permetto di darti un ultimo consiglio: non avere paura dei tuoi dubbi, affrontali.

Prova a lasciare la corazza a casa e salta sul treno con noi.

Non sarai mai solo, te lo prometto.

Un abbraccio, grande Francesco!

Gianluca

Richard Rodgers e Oscar Hammerstein
You'll Never Walk Alone

"When you walk through a storm
Hold your head up high
And don't be afraid of the dark."

6.

Quando l'alba ghiacciata si solleva sulla città, il pullman svolta verso nordest.

Gianluca sta parlando con l'autista mentre Elena, dopo aver controllato che ci fossero tutti, passa nel corridoio a chiacchierare con chi non si è già addormentato. La III C è tutta concentrata nella prima metà dei sedili, perché indietro c'è quell'altro gruppo di ragazzi e di ragazze più grandi che stanno partendo con loro. Ce ne sono anche due della Vecchia Scuola, Francesco li ha visti caricando le valigie nella pancia del pullman. Li conosce bene di vista perché sembrano il Gatto e la Volpe: uno è alto come un lampione, ha i capelli arruffati e il volto un po' scavato dalle pustole, l'altro è basso e tarchiato come un bulldog, è rasato e ha la pelle liscia che sembra quella di un bambino di otto anni. Gli hanno fatto un cenno amichevole con il capo, prima di salire sul pullman.

Andrea ha portato la chitarra. "Il proiettore non ci stava," ha detto ridendo prima di crollare abbioccato in una posizione assurda. Francesco vede solo i suoi capelli e le sue ginocchia e sente il suo respiro da fase rem (chissà cosa sta sognando). Si appoggia al finestrino scrutando l'autostrada che si riempie di pendolari che scivolano via alle prime luci di questo lunedì di inizio febbraio. Tornando verso la testa del pullman, Elena gli passa affettuosamente la mano sul cranio rasato. Francesco si volta e lei gli sorride come a dirgli "Andrà tutto bene, vedrai".

Alla prima sosta Alessia lo chiama da parte. Ci sono Martina e Andrea che ridacchiano vicino alle porte a vetri del bar dell'autogrill.

"Quando abbiamo fatto la maratona non lo sapevamo," dice Alessia con un sorriso. E gli mette in mano un pacchetto. "Buon compleanno, anche se in ritardo. Almeno non porta sfiga."

"Grazie, Ale," dice Francesco imbarazzato, mentre inizia a scartarlo.

"...per difenderti," sorride Martina. "Una cosa un po' più professionale."

È una specie di borraccia di quelle da ciclista. I suoi nuovi amici – forse può chiamarli così, adesso – hanno fatto riprodurre con uno stencil il disegno di un uomo imbavagliato che sta lanciando un oggetto. Francesco non si stupirebbe se la tecnica gliel'avesse insegnata Kappa. Sotto il disegno una scritta e il suo numero di maglia di quando giocava con i suoi coetanei: *FRA – n. 11.*

"Uao. Grazie, spero di non doverla usare," commenta Francesco, sorridendo.

È strano sentirsi così liberi nonostante quel senso di incertezza che gli si sparge dentro di tanto in tanto, a sorpresa ma senza approfittare della sua impreparazione, quasi con dolcezza. La prof Chissà-come-sarà-un-viaggio-con-lei si avvicina a loro quattro: "Tutto bene, ragazzi? Avete dormito almeno un po'?".

Andrea annuisce sbadigliando.

"Sì, grazie, prof. A che ora arriviamo al treno?" chiede Martina, stringendosi nella giacca e avvitandosi la sciarpa intorno al collo.

"Credo a fine pomeriggio."

7.

La storia è una bomba anche se il film, essendo quasi tutto ambientato in una stanza, non è che sia proprio noioso ma è molto lento, a tratti. Andrea dorme ancora, come alcuni altri. Francesco vede che invece Alessandro è sporto in avanti sul sedile: da lontano sembra che lo schermo lo possa inghiottire da un momento all'altro. Probabilmente per lui è impossibile anche solo provare a dormire, con il corpo che si ritrova a dovere indossare.

C'è questo gruppo di ragazzi tedeschi che scrive, distribuisce e spedisce migliaia di volantini per incitare la Germania alla ribellione contro Hitler e il nazismo. Tra i due leader del movimento ci sono due fratelli: Hans e Sophie Scholl, una ragazza di ventun anni. Il titolo è *La Rosa Bianca*, che era anche il nome dell'organizzazione, e ricostruisce l'interrogatorio con il quale tale Mohr, un investigatore della Gestapo (la polizia politica nazista), mette spalle al muro Sophie, prima di condannarla a morte e farla ghigliottinare.

"A voi sta a cuore l'incolumità del popolo tedesco, signorina Scholl?" dice l'uomo, inquadrato in primo piano.

"Sì," risponde lei.

"Voi non avete mai piazzato una bomba, come il 'vile Elser' fece nella distilleria di Monaco. Forse avete usato gli slogan sbagliati, ma i vostri mezzi sono pacifici."

(Francesco chiederà poi a Gianluca chi fosse questo vile Elser. "Georg Elser era un carpentiere e falegname, autore di un attentato contro Hitler nel 1939, all'inizio della guerra. Finì in campo di concentramento, dove morì qualche anno dopo. Ovviamente l'attentato non riuscì," gli risponderà Gianluca legandosi i capelli.)

"E allora perché volete comunque punirci?" Il dialogo va avanti con questa domanda di Sophie.

"Perché così è previsto dalla legge. Senza legge non c'è ordine," risponde Mohr. Non c'è traccia di violenza o di urla. A Francesco ricorda la scena di LaPadite con il colonnello delle SS, Landa.

"La legge che avete appena nominato tutelava la libertà di parola prima dell'arrivo dei nazisti nel 1933. Oggi

Hitler punisce quella stessa libertà con la prigione e la morte. Questo lo chiamate ordine?"

"E a cosa dovrei attenermi secondo lei se non alla legge, chiunque sia stato a formularla?"

"Alla coscienza."

"Sciocchezze."

Francesco si ritrova a pensare al discorso che aveva fatto Gianluca in classe, quando aveva parlato della scuola che al tempo dei fascismi non insegnava la democrazia e il rispetto ma a uccidere e a morire per parole assurde con l'iniziale maiuscola come Patria, Onore, Razza. Quanto doveva essere stato difficile imparare a disobbedire?

"Ma le leggi cambiano, la coscienza no," prosegue Sophie Scholl, tranquilla.

"Dove finiremmo se ciascuno decidesse da sé cosa è giusto e cosa è sbagliato? Se permettessimo ai criminali di destituire il Führer, che cosa avremmo? Non ci resterebbe nient'altro che il caos." Francesco guarda questo adulto pacato che sembra iniziare a perdere il controllo di sé. Si rende sempre più conto che i tedeschi durante il nazismo non si comportarono tutti da buonannulla. Pensa all'uomo di Amburgo con le braccia incrociate e a quello che lo fotografò, ai primi oppositori con le braccia alzate e ai segni del pestaggio sulle loro facce quando furono arrestati. Pensa persino ad alcuni di quei maledetti "uomini comuni", i pochi che cercarono di sottrarsi agli ordini omicidi.

"Senza Hitler e il suo partito," risponde Sophie, "avremmo ancora giustizia e ordine, tutti saremmo difesi dal dispotismo... non solo gli opportunisti."

"Dispotismo? Opportunisti? Voi utilizzate termini molto offensivi."

"Voi siete offensivo!" s'infiamma Sophie. "Definite me e mio fratello criminali per dei volantini! Abbiamo solo cercato di convincere la gente con le parole."

A vedere lo sdegno di quella ragazza esplodere nello schermo del pullman, a Francesco viene la pelle d'oca.

8.

La neve scende giù compatta e leggera, al Brennero.

Si scorgono appena le montagne dietro le migliaia di fiocchi che si appiccicano uno dopo l'altro sul finestrino. Il loro è parcheggiato dietro a una fila di altri pullman, mentre Elena spiega come ci si organizza per salire sul treno. L'atmosfera è rilassata, dal fondo volano battute simpatiche (quelle volgari vengono bisbigliate). Elena ride, parlando al microfono. Le sue Dr. Martens sono zuppe di neve e fango, perché è già scesa per parlare con altri "giovani adulti" – come li ha definiti Gianluca – dell'organizzazione.

Erano arrivati da dappertutto, correndosi incontro: due ragazzi magri con la giacca blu identica erano usciti dal bar della stazione, uno grosso e con l'orecchino era addirittura caduto sul ghiaccio nella fretta di abbracciare Elena e Gianluca, e poi c'era quello con i capelli ricci neri tipo quelli di Andrea che ogni volta che parlava qualcuno intorno rideva... Sembra che lui tenga insieme tutta l'organizzazione. Ha dei fogli in mano: gli altri gli chiedono e lui indica, risponde, li rimanda sui pullman e coordina la discesa. I primi gruppi iniziano ad avviarsi nel sottopassaggio della stazione. Ma ogni volta, prima di ripartire ciascuno verso il proprio gruppo, gli organizzatori si abbracciano ancora, e poi ancora, come se non si vedessero dai tempi delle medie.

Così tanti abbracci nella stessa inquadratura Francesco li ha visti solo nelle ultime scene di qualche film. Quelli a fine partita o dopo un gol sono diversi: questi sprigionano una voglia di vivere che Francesco vorrebbe imparare, se la voglia di vivere si può imparare.

Si limita a tirarsi su il cappuccio della giacca grigia, preparandosi a scendere.

9.

"Ogni volta, ogni volta è così." Elena ride, affacciata al loro scompartimento. "Nessuno ve lo insegna o ve lo suggerisce, semplicemente accade così ogni anno, su ogni treno."

Il convoglio ha lasciato il Brennero da meno di un'ora, arrampicandosi e scivolando via tra le montagne attraverso il confine tra Italia e Austria. Nello scompartimento con Francesco e Andrea ci sono Alessia e Martina, e hanno preso con loro Alessandro e Jasmine, che a Francesco è rimasta impressa per quel suo commento sugli uomini comuni. Si è portata qualche libro da leggere, come Martina. Andrea oltre alla chitarra ha qualche fumetto, Alessia un tablet da combattimento, Alessandro forse niente, che già la sua stazza occupa mezzo vagone. Non hanno neanche iniziato a parlare che sentono sfrecciare questi ragazzi con incalcolabili accenti regionali, di quelli che Francesco ha sentito solo nei tg quando capitava di guardarli da piccolo. Elena, appena arrivata da loro per accertarsi che tutto sia a posto, si scansa per far passare un gruppetto dopo l'altro, dicendo con una smorfia simpatica, un po' per dovere: "Piano!".

I ragazzi e le ragazze Che-vengono-da-dappertutto sfrecciano avanti e indietro sul treno e a ogni scompartimento dicono "ciao" e poi "ciao" e ancora "ciao" e di nuovo "ciao" e "ciao" e a ciascuno "ciao" o "buonasera" e poi vanno avanti. Sembra un'ubriacatura, un tuffo nella voglia di scoprire gli altri, almeno in superficie, almeno all'inizio.

"Ogni volta penso al Paese dei Balocchi di *Pinocchio*," dice Elena. "Qua liberate le vostre energie anche perché di adulti ce ne sono pochi, perlopiù professori e professoresse entusiasti di vivere questa esperienza con voi, motivati e in gamba come la prof Che-conosco-grazie-a-Martina. Ti ricordi, Marty?"

Lei annuisce imbarazzata.

"L'anno scorso la sorella di Marty è venuta in viaggio con noi. Lei ci ha raggiunto alla cena di fine anno... e niente, ci siamo trovati bene ed è nata l'idea di portare una classe intera in viaggio... perché no? Vedremo se la III C sarà all'altezza di quest'orda di maggiorenni." Elena strizza l'occhio.

"Ciao!"

"Buonasera!"

"Ciao ragazzi!"

Andrea ridacchia, Martina abbozza un goffo – troppo educato – "Buonasera a voi", Alessandro prende il coraggio a due mani e quando passa una coppia di ragazze con i dread fa un cenno, una specie di saluto militare inventato sul momento.

"Se avete voglia unitevi a loro, non vi mangiano mica anche se sono in quinta!" aggiunge Elena lasciando aperta la porta scorrevole dello scompartimento.

10.

"Cosa leggi?"

Nel loro angolo di treno ora è calato il silenzio della notte.

Non hanno ancora tirato giù i quattro letti dello scompartimento. Le teste di Andrea e Alessia sono appoggiate una all'altra e anche Alessandro dorme, con le braccia incrociate. Francesco ha guardato a lungo fuori dal finestrino facendosi cullare dall'immensità dei luoghi che stanno attraversando e dal rumore delle rotaie.

Si erano uniti a quel flusso bizzarro e magico, e Francesco ha conosciuto più gente in tre ore che nell'ultimo mese. Sono quasi tutti di due o tre anni più grandi di loro. Insieme a decine di sconosciuti hanno percorso quattro volte i dieci vagoni che compongono questo treno straripante di gente presa bene, si sono fatti sferzare la faccia dall'aria della notte, hanno battuto cinque qua e là e iniziato discorsi pieni di domande e di voglia di lasciarsi andare, in questa settimana ("Da dove vieni?", "Che fate?", "Oh, ma a Cracovia..."). Poi sono tornati ai loro posti, a lasciare che il resto della notte scorresse via.

Jasmine sfila dal libro blu che ha tra le mani una fascetta di quelle che li avvolgono in libreria. C'è scritto: "Il libro più importante che sia mai stato scritto sulla resistenza tedesca al nazismo. Primo Levi".

"È un romanzo, ma è ispirato a una storia vera," risponde Jasmine. "È la storia di due vecchietti che iniziano a opporsi al nazismo timidamente, giorno dopo giorno. Si intitola *Ognuno muore solo.*"

"Roba allegra, insomma," prova a sdrammatizzare Francesco parlando sottovoce. Ripensa al soldato tedesco tra le macerie di quel pomeriggio in cui non riusciva a giocare a *Call of Duty*.

"Senti cosa c'è scritto nella prefazione," Jasmine ricomincia a parlare come se non l'avesse sentito. "'Qualche lettore troverà forse che in questo libro si muore e si tormenta un po' troppo. L'autore si permette di far notare che il suo libro tratta quasi esclusivamente di persone che avversarono il regime di Hitler, di esse e dei loro persecutori. Negli anni fra il 1940 e il 1942, e prima e dopo di essi, in questi ambienti le morti erano piuttosto frequenti. Un buon terzo del romanzo si svolge nelle prigioni e nei manicomi, e anche qui la morte era un fatto consueto. Spesso l'autore si è rammaricato di dover tracciare un quadro così fosco; ma una maggior luce sarebbe stata una menzogna.' L'ha scritto l'autore – Hans Fallada – a Berlino nel 1946. Mi sta facendo pensare tanto a quella scena che abbiamo visto in classe, quella del contadino..."

"...monsieur LaPadite."

"Sì, tu l'hai scritta la lettera?"

"Ehm, no."

"Ah, ok. Io ho immaginato che alla fine sceglie di morire anche lui perché non ce la fa più a vivere con il senso di colpa."

"..."

"..."

"...posso chiederti una roba personale, Jasmine?"

"Vai."

"Che rapporto hai con la morte? So che è una domanda del *****..."

"Invece è una domanda importante," lo interrompe lei, quasi come se se l'aspettasse. "Ma la verità è che non lo so. Comunque sono serena quando si muore di vecchiaia, altrimenti mi si chiude lo stomaco... Alla morte dei nonni non ho versato una lacrima, per dirti, però questo non vuol dire che nella mia testa non abbia vissuto un rewind di tutto il tempo passato con loro."

Poi rimangono zitti entrambi a guardare fuori.

Francesco vede una ragazza riflessa nel vetro che separa il loro scompartimento dall'Europa che gli scivola via sotto i loro occhi: non si è accorto che Martina è tornata dal bagno ed è appoggiata alla porta, immersa nei suoi pensieri osserva il paesaggio dall'altra parte, oltre il corridoio.

Chissà da quanto tempo è lì, chissà se ha sentito il loro discorso.

11.

"Arrivare è sempre diverso da partire," gli aveva detto Kappa salutandolo. "Magari il posto dove arrivi non c'entra una mazza con quello dove passerai il tempo, ma comunque le cose iniziano ad avere una forma, boh, non so. Comunque è diverso."

Sulla banchina della stazione di Cracovia ci sono Elena e Gianluca insieme ai loro compagni dell'organizzazione. La prof è affacciata a uno dei finestrini del corridoio e respira con gli occhi chiusi l'odore del freddo polacco. Il treno è sveglio da poco, fino a mezz'ora fa c'erano facce assonnate che si strofinavano i capelli, pigiami che barcollavano verso i loro bagagli dopo essersi lavati i denti, parole che iniziavano a prendere coraggio e a essere dette a volume sempre più alto.

Le porte del treno si aprono una dopo l'altra, e il ragazzo – il "giovane uomo" con i capelli ricci come quelli di Andrea – coordina i gruppi, in modo che i partecipanti scendano in ordine. Poi si avviano ai pullman polacchi che li aspettano sul piazzale della stazione.

"Davidone!" urla una ragazza con i capelli corti rivolta al coordinatore, con un accento simpatico del centro Italia. "Parto con i miei?"

"Vai!" le risponde lui alzando il pollice al cielo.

Quando è il loro turno, Francesco si trova per caso fianco a fianco con Matteo. Per un istante si guardano in cagnesco, poi in contemporanea si fanno un cenno con il capo come a dire “Non qui: stiamo entrando in territorio neutrale. La guerra si riprende al ritorno a casa”.

Quale casa? verrebbe da pensare a Francesco, perché non appena le sue scarpe da ginnastica toccano la neve battuta si sente invadere da una sensazione di libertà assoluta.

Si mischia ai compagni e si avvia verso i pullman.

You'll never walk alone

1.

Il bianco glaciale abbagliante, la sveglia all'alba, la stanchezza che brucia gli occhi e quella sensazione che ritorna, prepotente. Francesco si trova per la prima volta a darle il benvenuto: gli sembra di potersi aggrappare almeno a lei, prima di varcare la soglia di quel cancello ed entrare in un terreno sconosciuto. Il gruppo è in silenzio, che ascolta parole scandite con delicatezza. La neve scricchiola al contatto con i loro piedi, sotto quella scritta.

"Dopo otto mesi di prigione," dice la guida, "nel giugno del 1940 arriva ad Auschwitz un fabbro polacco quarantenne, Jan Liwacz, che diventa il prigioniero 1010. Gli viene ordinato di costruire la cancellata del campo, e su di essa quelle che Primo Levi definirà 'le tre parole della derisione'. *Arbeit Macht Frei,* il lavoro rende liberi – scritta presente in numerosi lager nazisti."

Gli occhi di Francesco, infagottati tra il cappuccio e il bavero della giacca, squadrano i compagni della III C e gli altri del gruppo, più grandi, ma avvolti dallo stesso silenzio. Quasi tutti tengono le mani in tasca o nei guanti, due o tre hanno una macchina fotografica che penzola dal polso, pochi hanno il cellulare in mano.

Le teste inclinate all'indietro, gli sguardi in alto.

"Il prigioniero 1010 gira la B di Arbeit," prosegue la guida, indicando la lettera più larga sopra e più stretta sotto (e non viceversa). "Il prigioniero 1010 piazza così un sassolino nell'ingranaggio della macchina dello sterminio, deridendo i suoi carnefici. Dopo quattro anni di permanenza ad Auschwitz, Jan verrà trasferito a Mauthausen, sopravvivrà ai lager e vivrà fino al 1980."

Francesco rimane rapito a osservare quella B al contrario, mentre intorno a lui si scatta qualche foto.

Uao, pensa. Vorrebbe vedere il volto di Jan Liwacz, stringergli la mano, vorrebbe poter parlare almeno un secondo con un uomo che seppe dire "Sai che c'è, andate a farvi *******".

Un lungo respiro inonda di aria ghiacciata i polmoni di Francesco, poi segue il gruppo sotto il cancello, dentro il campo di concentramento più famoso della storia: Auschwitz I.

2.

Il campo è più claustrofobico di quello che si sarebbe immaginato.

Seguendo la guida nelle strade che costeggiano le baracche, tra la neve e qualche crosta di ghiaccio, Francesco inizia a vedere, fra il bianco invernale e l'oscuro filo spinato sorretto da pali di cemento, i colori. Il rosso pastello degli edifici in muratura, l'azzurro sfocato del vetro delle finestre e – lassù – del cielo, e poi giacche a vento e scarponi, guanti e berretti calati fin sotto le orecchie.

La guida racconta la storia del complesso concentrazionario, a partire da quella del campo base dove si trovano adesso. Numeri, date e informazioni essenziali. L'enormità del crimine è evidente agli occhi di tutti i ragazzi che si dispongono con naturalezza in cerchio intorno a quell'uomo dal tono misurato, mentre racconta del luogo che sorse ai confini dell'impero nazista. Una discarica di esseri umani provenienti da tutta Europa, nella logica dei persecutori.

"I 1689 giorni del complesso di Auschwitz," racconta, "inaugurato in questa vecchia caserma adibita a campo base, sono una lenta discesa agli inferi. Nel 1940 i prigionieri incarcerati e sfruttati sono tutti polacchi, ma tra l'estate e l'autunno del 1941 iniziano ad arrivare migliaia di deportati dal fronte russo, dopo l'attacco della Germania all'Unione Sovietica: l'Operazione Barbarossa."

Francesco ricorda le parole con cui Gianluca aveva descritto l'azione degli Einsatzgruppen, le unità speciali che avevano l'obiettivo di individuare tutti gli ebrei e i commissari politici e ucciderli con il colpo alla nuca proprio nel corso dell'attacco ai sovietici. Nella sua memoria è impressa la foto con l'ultimo ebreo di Vinnycja. Cerca con gli occhi Gianluca che ha il volto infossato nella sciarpa e osserva attento la guida che prosegue: "In Auschwitz coesistevano due logiche: era un campo di concentramento che sfruttava il lavoro schiavo degli internati...".

Martina annuisce.

"...ed era anche il più imponente centro di eliminazione del Terzo Reich. Questa è la ragione per cui di tutti i campi della morte è da Auschwitz che proviene il maggior numero di testimonianze di sopravvissuti. Quelle che, incrociate a svariate altre fonti, ci hanno permesso di ricostruire la storia del campo, spesso giorno per giorno o addirittura ora per ora. Questa è la differenza principale tra Auschwitz e altri siti di eliminazione, come i campi di Treblinka, Bełżec, Chełmno, Sobibór o i posti in cui avvennero grandi massacri di massa, come Ponary e Babi Yar. Siamo a conoscenza di una minore quantità di dettagli di questi altri luoghi della Shoah perché ci fu un numero infinitamente più scarso di testimoni oculari... In questo complesso, comunque, sono morte più di un milione di persone, in gran parte individui considerati 'di razza ebraica'."

Le parole della guida avvolgono il gruppo, Francesco è vicino a Martina che ascolta cifre impossibili da immaginare con gli occhi spalancati. Una ciocca di capelli le penzola a lato della guancia, e sembra che lei non se ne sia accorta. Alessandro, di fronte a loro, è quasi appiccicato alla guida, le sue braccia da pugile della marmellata sono strette strette sui fianchi, e le mani gli cadono nelle tasche dei pantaloni di tela.

"Dopo vedremo il sotterraneo dove, nel settembre del 1941, seicento prigionieri di guerra sovietici e duecentocinquanta prigionieri polacchi vennero gassati. Si diede così l'avvio a una procedura sperimentata in precedenza, che era già stata utilizzata per l'uccisione di decine di migliaia di disabili – l'Operazione Eutanasia – e che diventerà presto sistematica, applicata allo sterminio degli ebrei d'Europa."

Alle medie questa storia l'aveva colpito, forse più di tutto il resto. In classe con Francesco c'era Max, un ragazzo con la sindrome di Down che lo abbracciava ogni volta che lui entrava nell'aula (e quando usciva, anche solo per andare in bagno): era il suo modo di comunicare più forte di tante inutili parole degli altri compagni. La prof ne aveva parlato quasi sottovoce, con gli occhi lucidi, di come i nazisti avevano fatto fuori "tutti coloro che ritenevano diversi. Soprattutto all'inizio individuavano specifiche disabilità fisiche o mentali," aveva detto la prof, "poi la situazione aveva iniziato a degenerare in fretta, e non erano tanti quelli che potevano sentirsi al sicuro. Sapete cosa diceva il grande psichiatra Franco Basaglia? 'Visto da vicino nessuno è normale.' Quelli che vennero uccisi con il gas nell'Operazione Eutanasia erano quasi tutti considerati 'di razza ariana': erano tedeschi." Francesco ha questo ricordo nitido da allora. Ma non è che avesse mai pensato troppo a chi invece era incaricato di ammazzarli.

"Molti degli uomini coinvolti nell'Operazione Eutanasia," aggiunge la guida, "li ritroviamo in prima linea nella Shoah. Per un numero impressionante di persone, non dimenticatelo mai, la morte di massa era un lavoro. Uomini, e anche donne. Uno storico ha stimato che potevano essere circa quattrocentomila persone, metà delle quali non tedesche."

Francesco sente dei brividi di disgusto percorrergli le braccia. Come potevano guardarsi allo specchio questi uomini e queste donne?

"Alla fine dell'anno," prosegue la guida, "qui ad Auschwitz erano stati rinchiusi oltre trentacinquemila prigionieri all'interno del campo, e più di ventimila erano già stati assassinati. E si era solo all'inizio, perché presto la tecnica dello sterminio si sarebbe affinata. È all'interno del campo base dove siamo adesso che venne allestita la prima camera a gas, nella quale morirono circa diecimila persone. Dopo ci andremo. Naturalmente se qualcuno di voi non dovesse sentirsela..."

Francesco non riesce più ad ascoltare la guida perché oltre la figura immobile di Martina scorge Alessia che, in silenzio e mordendosi il labbro inferiore, sta piangendo.

3.

L'ultima volta che si era trovato fianco a fianco con persone che stavano piangendo senza poter essere consolate era stato al funerale di Simone, sedici mesi prima, ormai. Era stata anche l'unica, perché Francesco ha la fortuna di avere i quattro nonni ancora vivi e in salute e perché di lacrime ne ha viste poche, nella vita. Quelle di sua madre, perlopiù per il nervoso degli scazzi in famiglia, quelle di rabbia della compagna delle medie che era stata trascinata dal preside perché nell'intervallo aveva spezzato la mina di una matita nella mano del fratello, quelle che iniziava a vedere negli occhi dei suoi amici che venivano lasciati quasi senza spiegazioni dalla tipa e che venivano presto asciugate da quella successiva. Ma ora Francesco è in un altro mondo, assorbito dal vortice di domande alle quali non riesce a trovare risposte anche se gli sembrava di saperne molto più di altri, sull'argomento, e in quest'altro mondo che c'è al di là di quel cancello, mentre la guida s'incammina e indica al gruppo la porta di un blocco (il numero 6), lui si avvicina ad Alessia.

Non sta pensando a niente, se non che vorrebbe interrompere il flusso di quelle lacrime che scorrono sul suo volto come su quello di tre o quattro altri compagni di viaggio, e l'unico gesto sensato che gli viene da compiere è di stringere la spalla ad Alessia con un affetto che si direbbe fraterno, e si ritrova a pensare a Kappa, a come si salutano con il pugno. Non c'è Andrea nei paraggi: è rimasto indietro di qualche passo per scattare una foto alla scritta "Arbeit Macht Frei", ormai lontana. Alessia guarda Francesco con un misto di affetto e gratitudine, dal suo pianto sgorga un mezzo sorriso, e a lui sembra di aver compiuto un piccolo miracolo, per essere dove è.

Martina entra nel blocco tra i primi, a fianco alla guida che continua a parlare con un volume basso. Elena va a richiamare Andrea con un cenno per nulla imperativo, come a dirgli "Stiamo tutti insieme, che è importante", Francesco li aspetta per entrare, e si trova fianco a fianco con

Matteo e con il Gatto e la Volpe, che stanno chiedendo qualcosa a Gianluca. Li ignora e prosegue.

Nel corridoio davanti a loro ci sono centinaia e centinaia di foto, tipo quelle segnaletiche dei film western, di uomini e donne in quegli strani pigiami.

4.

Le foto venivano scattate durante la prima fase del campo, quando si cercava ancora di registrare i detenuti prima che iniziassero ad arrivare a centinaia di migliaia. Tranne alcune eccezioni non sono ritratti prigionieri "di razza ebraica", né rom, sinti e neanche i sovietici catturati durante l'Operazione Barbarossa. Molti sono polacchi, tra i primi a popolare il campo di concentramento dal 1940, come ha spiegato la guida. Il blocco è dedicato a raccontare la vita quotidiana dei deportati, se si può parlare di vita, dal momento che morivano come moscerini. La guida parlava e parlava e a un certo punto Francesco aveva voluto sfilare la cuffia della radioguida dalla testa, sotto il cappuccio: si sentiva investito dai dettagli di questo inferno in terra, e non voleva saperli tutti.

Dopo, erano rimasti a guardare quelle fotografie nel corridoio che davano un volto a cifre altrimenti inimmaginabili per ragazzi tra i sedici e i vent'anni e anche per chi li accompagnava ("Per noi, che abbiamo solo vissuto nel nostro spicchio di tempo di pace," aveva detto la guida). In quelle foto avevano visto sguardi fieri o spaventati, con l'incognita e la sfida negli occhi. Sguardi che ti trafiggono il petto, di gente che "sai che c'è" ha saputo dirlo in uno dei periodi più bui della storia dell'uomo.

Francesco si era immerso nel profondo di questi occhi pieni di rivolta e in quello dello sguardo attento dei suoi compagni, riflessi nel vetro delle cornici che oggi contengono le foto segnaletiche. A un certo punto si era sentito sovrastare. Era uscito, a respirare il vento che soffiava dal filo spinato nella strada dell'ex campo di concentramento fin laggiù, dove ricomincia il mondo. Fuori c'era Elena, che l'aveva preso sottobraccio senza dire una parola. Insieme si erano incamminati verso i due blocchi dedicati alle prove dello sterminio.

Sulla porta, a fianco a un'altra giovane adulta dell'organizzazione, li aspettava Gianluca.

Riusciva a guardare ogni ragazzo o ragazza che passava in modo leggermente diverso, con una solida dolcezza che Francesco forse non ha mai incontrato.

Ora sono dentro il blocco 4, ma lui ha ancora negli occhi gli oggetti del 5.

Le valigie, soprattutto.

5.

Alessandro aveva la fronte incollata al vetro della teca, come se in quella grande stanza ci fossero solo lui e quel mucchio di valigie, un magazzino della memoria che qualcuno si era dimenticato di riordinare, chissà quanti anni fa. Era rapito dalla tridimensionalità di quei rettangoli marroni che avevano trasportato intere storie di vita, lui che pochi giorni prima era partito solo con uno zainetto, di quelli che si usavano negli anni novanta (Francesco aveva pregato che Matteo e il Gatto e la Volpe non se ne accorgessero).

Martina, a pochi passi di distanza, guardava verso di lui con l'espressione di un animale quando non capisce perché lo stanno mettendo in punizione. Più che altro sembrava studiare la distanza tra la fronte di Alessandro e la teca. Anche Francesco era molto vicino a lui, e per un attimo aveva distolto il suo sguardo da quell'oceano di cuoio davanti a loro, per rendersi conto che Alessandro le valigie non stava cercando di contarle, come sembrava stessero facendo molti altri. Lui aveva gli occhi piantati su una di quelle scritte incomprensibili in stampatello maiuscolo – dei nomi, dei numeri – che imperavano sul dorso di ciascuna, come se la capisse.

Cercando di non apparire all'improvviso al suo fianco, Gianluca si era avvicinato ad Alessandro, perché quel gigante dava l'impressione che presto si sarebbe dimenticato di respirare.

"Quello... quello lì è il nome che ha mio papà," aveva detto Alessandro con la voce strozzata, appoggiando il polpastrello dell'indice sul vetro.

6.

"Niente," gli sussurra come in apnea, girandosi verso di lui.

"Eh?" Francesco si volta verso Martina con la prontezza di un animale selvatico.

"Non sento niente, non sto provando niente di niente di niente," aggiunge lei abbassando ancora il volume della voce, con il vuoto negli occhi e una specie di senso di colpa. Quanta sicurezza aveva esibito in classe, nei primi incontri. Lei, Martina, che aveva proposto il viaggio alla classe, lei che ci teneva davvero anche se sapeva che sarebbero tornati tutti "più tristi", lei che parlava nella lingua che parlano i libri stampati, ma ora non più.

Il suo modo di esprimersi come se un adulto si fosse impossessato del suo cervello si è sgretolato, e Francesco non sa come reagire: non è mica la sua coscienza, lui. Rimane a guardarla, poi alza le spalle ma non come a rispondere “E a me che ***** me ne...?”, più che altro vorrebbe dirle “Ma cosa ne so io di come ti dovresti sentire?”, e forse vorrebbe anche esserle d’aiuto ma resta così, senza parole e con quel gesto antipatico, freddo. E dopo avere alzato le spalle chiuso a riccio nella sua giacca si muove in avanti nella stanza e sente lo sguardo di lei che lo insegue. Gli sembra di stare abbandonando Martina indietro, ma le sue gambe si muovono da sole, neanche dovessero salvarlo da tutti quegli oggetti accumulati da anni nelle teche del museo di Auschwitz.

Quando pochi secondi dopo si volta per controllare che lei ci sia ancora, Martina è sparita.

7.

Certe leggende che ti regalano la reputazione fra i tuoi coetanei sono costruite su dei veri e propri inganni. Chissà perché Francesco ci sta pensando ora, di fronte a questa foto magnetica, definitivamente rapito dall’immobilità della camminata di quest’uomo che sembra che stia per cadere. E se ti volti verso il Gatto e la Volpe e quelle altre due diciottenni che ti sfiorano per sbaglio e lo riguardi è ancora lì che sta per cadere, immortalato in eterno in una foto presa di nascosto. Con quelle braccia che senza volerlo simulano il volo di un aeroplano per stare in piedi su quelle tracce di morte.

Guardando la foto esposta nel blocco 4, Francesco ripensa a quello che gli aveva detto Kappa sulla scia epica che si era lasciato alle spalle. Per quanto lo riguarda, non c’era niente di falso in quello che si sapeva della famosa volta in cui nella Vecchia Scuola gli era uscita ad alta voce quella doppia risposta (“Vada a farsi *******”, preceduto da un bel "Non sono ***** suoi"). Francesco si era espresso veramente così con quella di mate, mentre il prof con la pelata li guardava, zitto come se gli avessero asportato la lingua.

In classe era crollato un silenzio di ghiaccio. Di quelli che se ci pensi ti stupisci che nel mondo possano esserci così tanti momenti in cui il silenzio non c'è. Di quelli che un qualunque rumore basterebbe a spezzarli, e i secondi che passano prima che il rumore arrivi durano settimane. Poi Francesco era stato trascinato per il braccio dalla preside, e la sua permanenza nella Vecchia Scuola era finita così, dopo due anni, tre mesi e quattro giorni.

Era tutto vero: si era battuto come un gladiatore ferito per non perdere la faccia almeno davanti ai suoi compagni di classe. Però chissà se qualcuno nella scuola sapeva di quello che era successo prima, di quello che uno è disposto a fare pur di non cadere. Come l'uomo della foto.

8.

"'È una zona grigia, dai contorni mal definiti, che insieme separa e congiunge i due campi dei padroni e dei servi. Possiede una struttura interna incredibilmente complicata, ed alberga in sé quanto basta per confondere il nostro bisogno di giudicare.' Così Primo Levi nei *Sommersi e i salvati* ci raccontò quello che accadde in tutti i lager: l'organizzazione si basava su una delega pressoché totale ai detenuti, che erano costretti a gestire il campo. Anche quando non possiedi più niente hai sempre qualcosa da perdere... e tutti i detenuti lo sapevano."

La guida aveva incominciato a parlare così dell'uomo in bilico, dopo aver illustrato con precisione la procedura dello sterminio attraverso un gigantesco modellino di gesso del Crematorio II di Birkenau ("Ne vedremo le rovine nel pomeriggio," aveva detto), quando erano arrivati qui, davanti a questa foto.

"Il punto di contatto più drammatico tra vittime e carnefici," sta dicendo la guida, "erano i prigionieri addetti al processo di sterminio, i componenti delle squadre speciali chiamate Sonderkommandos. Nell'estate del 1944 fu proprio uno di loro, però, a scattare di nascosto questa fotografia e le altre due che vedete qui esposte. Sono documenti fondamentali che testimoniano il piano di sterminio nazista."

L'uomo nella foto è a torso nudo e sta camminando su un mucchio di cadaveri, quasi di certo ignaro del fatto che qualcuno alle sue spalle sta imprimendo su una pellicola, per chi vivrà nel futuro, questo momento. Gianluca in classe l'aveva detto, Francesco lo ricorda: le fotografie dello sterminio sono state tutte scattate dai nazisti, come a documentare una specie animale in via di estinzione. Tutte tranne tre, ed ecco qua la più importante. Dell'uomo non si vede il volto, e sta per entrare in una nuvola di fumo alta diversi metri, perché lui e gli altri del Sonderkommando stanno facendo il loro lavoro: stanno bruciando i corpi dei morti a decine, nella radura. Più in là alcuni alberi, sfocati sullo sfondo, perché forse la natura se ne sbatteva di quello che stava accadendo nel mondo degli uomini.

Francesco guarda l'immagine ancora per mezzo secondo, poi se ne allontana, passando di fianco a Martina che non era davvero sparita ma sta parlando con la prof in un angolo della stanza. Lei gli sorride serena, senza mostrare rancore.

Lui esce dal blocco, con la speranza che il candore della neve gli cancelli dagli occhi tutti quelli oggetti e tutte quelle tracce di dolore.

9.

"Ne ho visti di film, fratello, ma questa è la realtà." Andrea l'aveva chiamato fratello come fa spesso Kappa, e probabilmente non era il caso di soffermarsi su questo dettaglio in quei pochi metri di neve che separavano il blocco 5 dal 4, dove avrebbero visto la foto dell'uomo che non cade mai e tutti quei capelli, tonnellate di capelli che furono trovati a testimoniare il saccheggio continuo di tutto quello che dei deportati si poteva conservare e riutilizzare o rivendere.

Andrea parlava senza un sorriso (non era mai capitato) e sembrava che anche Alessia non avesse smesso di piangere neanche per respirare, Jasmine scriveva su un minuscolo bloc-notes con un mozzicone di matita smangiucchiato, Fabio – non si chiama Paolo, ma Fabio – si guardava gli scarponi come se potessero rispondere alle sue domande, due di quelli più grandi si rimettevano i berretti credendo che avrebbero camminato un po' all'esterno e invece no, dritti filati dentro l'altro blocco, Alessandro balbettava qualcosa tra sé e sé e Francesco avrebbe giurato che lui, gigante della marmellata, non stava credendo che quella montagna di roba potesse essere vera, e intanto Matteo scendeva i gradini del blocco con lo sguardo duro, gli occhi tanto socchiusi che si sarebbe detto che potevano soffrire il freddo.

E poi Francesco di colpo si era trovato a pensare che solo poche settimane prima non sapeva neanche che questi ragazzi e queste ragazze esistessero, e ora invece li riconosceva come tanti pezzi di un ingranaggio di una macchina il cui scopo è andare avanti. E, mentre proseguivano, sapeva dare loro nomi e cognomi, e scopriva ogni giorno qualche dettaglio di ciascuno: Alberto e la sua spavalderia, il modo adulto di incedere e di spiegarsi che ha Fatima e le scritte sui banchi e sugli ascensori di Giuseppe, e poi Eleonora e il suo corpo da donna e le sue risate da bambina, e tra quelli grandi che hanno incontrato in viaggio i due Marco che sul pullman cantavano le canzoni da stadio e che sono in stanza con lui e Magda con gli occhi del blu del ghiaccio ma morbidi e anche Elisa che aveva più di un piercing e faceva la dura e l'altra prof della Vecchia Scuola che tutti chiamavano Lapazza – ma lei non sentiva mai – e quelli che gli passavano in piccoli branchi davanti agli occhi e che gli facevano un cenno che bastava da solo a dire "Stiamo vivendo la stessa vita, amico, qui". Nessuno parlava e tutti si erano un po' incurvati in quei pochi metri tra il blocco 5 e il 4, sembravano persino invecchiati, e Francesco si era accorto che quelli del gruppo dopo, che ancora non erano entrati nel blocco 5, a vederli si erano ammutoliti.

Nel 5 avrebbero trovato scarpe di adulti e scarpe di bambini, a migliaia, e scarpe di vecchi e occhiali e spazzole e spazzolini e gavette e piatti e centinaia e centinaia di oggetti della quotidianità e oggetti di metallo mai visti perché si usavano allora e una bambola e protesi dei mutilati di guerra e di chi aveva menomazioni e scarpe e bacinelle e scialli per le preghiere ebraiche e oggetti con cui una volta ci si faceva la barba.

"A Birkenau andremo nel pomeriggio." La voce dell'uomo che li accompagnava aveva un suono costante, nella radioguida. "Ma per capire il senso dell'esposizione che c'è qui dovete sapere cosa accadde dopo la prima fase di apertura del lager, quando venne avviato lo sterminio degli ebrei d'Europa. Arrivarono a centinaia di migliaia, in treno: uomini, donne, vecchi e bambini, famiglie, comunità intere, in larghissima parte, appunto, ebrei. Catturati, deportati e derubati. Questi oggetti sono solo una parte di quelli che vennero trovati e catalogati dai liberatori alla fine di tutto, dopo il 27 gennaio del 1945. Un milione di oggetti, una minuscola frazione di tutti quelli sottratti alle vittime, in gran parte sterminate. Tra loro, oltre duecentomila bambini."

Trovandosi di fronte a quelle valigie ammassate una sopra l'altra, Francesco aveva visto la forma della speranza, e non ci aveva mai pensato. Su quasi tutte quelle che aveva osservato c'erano queste scritte tipo quella che aveva rapito l'attenzione di Alessandro. I deportati, non sapendo dove stavano andando, con un pennello o con il gesso o con chissà che cosa scrivevano il cognome della loro famiglia e magari anche il luogo da cui provenivano e a volte c'erano alcune date e questo l'aveva trascinato in un "buco nero" della sua memoria – con Kappa chiamano così quei ricordi che non sai se hai mai avuto – e gli era tornato in mente quando partiva con i suoi per le vacanze e sua madre legava un'etichetta di plastica su ogni bagaglio con i loro recapiti – "Metti che li dimentichiamo in un autogrill," diceva – e per la prima volta Francesco si era trovato a pensare ai suoi che si tirano le frecciatine mentre stanno caricando la macchina e sono un po' nervosi ma felici di partire e poi si era immaginato che non caricano la macchina ma il treno ed ecco, arrivano qui all'inferno.

Era una sensazione nuova, quella di voler scappare da questa disumanità. Le immagini delle valigie gli rimbalzano ancora in testa facendo un casino infernale, mentre guarda la neve bianca che non lo aiuta a districarsi nelle sue emozioni. Non solleva gli occhi da terra come se potesse ferirli a guardare più in su, ma gli arrivano in soccorso le Dr. Martens di Elena, affiancate dalle sei scarpe di tre di quelli più grandi: i due Marco e un altro del suo gruppo che ha un K-Way blu e che non dice mai niente ma sta sempre con loro.

"Fra, raggiungiamo gli altri, sono appena ripartiti," gli dice Elena. "Non restiamo indietro."

10.

Tutto bene, Franci?
Dacci notizie. T.P.

Quando aveva preso il telefono in mano un secondo, prima di mettersi i guanti, Francesco aveva trovato questo messaggio. Era di due ore prima, perché aveva messo il silenzioso e poi non è che ad Auschwitz ti viene da guardare chi ti ha scritto, ecco.

Non aveva nessuna prova per dirlo, ma questa volta gli era sembrata quasi autoironica la sigla con cui si firma quasi sempre Suo Padre quando gli chiede un cenno di vita. Lui non è uno che chiama, lo fa solo la sera, quando la sua soglia di sopportazione del ritardo è oltre il limite, ma stavolta, schiacciando i piedi sulla neve, a Francesco non aveva fatto incazzare, questa storia del Controllo Genitoriale a trecentosessanta gradi. Per un istante gli era parso di capire che se non sai dov'è Tuo Figlio quando fuori fa buio, o quando è lontano migliaia di chilometri come oggi, ci può anche stare che ti prenda male, o almeno che tu voglia sapere se è vivo, tipo.

E allora aveva deciso di stare al gioco, per una volta, pensando alla reazione che avrebbero avuto i suoi a leggerlo. Avrebbe risposto comunque, eh, ma di solito non si firma mai.

Tutto ok papà, vi scrivo dopo. T.F.

11.

Anche se uno te lo spiega con freddezza e con l'esperienza di migliaia e migliaia di gruppi prima del tuo, ti sembra di soffocare. O almeno a Francesco è sembrato di soffocare quando sono andati fino al blocco 11. Lì c'era il muro delle fucilazioni e quel sotterraneo dove i nazisti avevano creato una prigione nella prigione e dove incominciarono le gassazioni. E poi si sono rifatti tutta la strada all'indietro dall'11 all'1 di questo posto assurdo che sembra un villaggio rinchiuso nel filo spinato ma agli incroci non guardi a destra e a sinistra come avrebbe dovuto fare Simone perché qua non ci sono le macchine, e adesso Francesco non sa bene cosa farsene di tutta questa voglia di diventare grande che gli serviva a sopravvivere in questo mondo e vorrebbe tornare a essere bambino, almeno per un secondo.

Che *****, pensa senza sosta, cercando di riprendere il controllo del cervello.

"Adesso usciremo dal perimetro del campo. Laggiù," aveva detto la guida indicando con i guanti oltre il blocco 1, a sinistra, "dopo aver visto la forca sulla quale venne impiccato l'ultimo comandante del campo nel dopoguerra, andremo al Crematorio I, alla prima camera a gas del complesso di Auschwitz."

Quasi tutti sono in silenzio, la guida non parla più.

Di quello che sta per dire, Francesco non vorrebbe mai parlare con nessuno, del fatto che quando si rinchiudevano i condannati nella camera a gas, in quei minuti o secondi interminabili che ci si metteva a morire, l'istinto di sopravvivenza spingeva tutti verso l'alto, dove il nostro corpo sa che potrà trovare sempre più aria che in basso. I più deboli e i più piccoli finivano spesso schiacciati dagli altri, ecco. Solo gli occhi dei compagni di viaggio – sconvolti come i suoi – riescono a ricordare a Francesco che è ancora su questo pianeta.

Zerocalcare
Ogni maledetto lunedì (su due), 2013

“Poi ti volti e qualcuno non c’è più. Forse un’onda
troppo forte. O una corrente fredda, chennesò.
O forse non ce la faceva più a rimanere abbarbicato come
un koala a un pezzo di legno fracico in mezzo al nulla.
La verità è che non lo sai mai perché alla fine
uno molla la presa.
‘Quello c’ha sempre avuto le mani di ricotta’
‘Quella non l’avrei mai detto,
pareva aggrappata benissimo’
e invece vanno giù.
Quasi sempre in silenzio.
O forse sei tu che sei troppo impegnato
a stare a galla per accorgertene.”

12.

Quante altre cose ci sarebbero da dire sulle ore che hanno passato dentro Auschwitz I. Se Francesco ripensa a quando sono entrati, alle chiacchiere e alle ultime sigarette di quasi tutti quelli più grandi e di alcuni suoi compagni, ora quasi non ci crede, che ci sia solo questo silenzio impenetrabile. È vicino ad Andrea, vorrebbe parlare con lui ma lo vede scosso. Passano di fianco alla scritta con la B rovesciata. Un piccolo gruppo di adulti sta per entrare.

Arrivano al piazzale, dove hanno appena parcheggiato un paio di altri pullman dai quali scendono ragazzi che parlano lingue che lui non riconosce. Qualcuno di questi ridacchia nervosamente, ma la maggior parte li guarda, vedendo dei coetanei che hanno appena fatto l'esperienza che stanno per cominciare. In tanti, prima di partire, avranno detto loro "Ti cambierà la vita", come dice spesso la gente. Chissà se cambia davvero qualcosa, dopo.

"Elena... posso andare alla libreria un secondo?"

Francesco sente la voce di Jasmine a pochi passi da lui.

"Sì, poi raggiungici là che vi diamo del tè caldo e i panini."

"Posso... accompagnarla?" chiede Francesco, esitante.

"Certo, Fra," risponde Elena.

Francesco si incammina con Jasmine: sono pochi passi e li fanno in silenzio, lei lo prende sottobraccio. Non gli chiede niente, e per fortuna, perché lui non saprebbe cosa dire, adesso. Si sente persino un po' in colpa perché ora non sta pensando a questo posto, ma alla Vecchia Scuola che gli sembra così lontana, un'altra vita, e saranno passate sei settimane, massimo sette. Ma la vita è soprattutto adesso, vorrebbe dire per perdonarsi.

Mentre Jasmine entra nel negozietto pieno di libri, Francesco continua a chiedersi perché non l'aveva aiutata, quella sua compagna della quale ricorda il nome solo se si sforza di pensarci (e non ne ha quasi mai voglia). Com'è appena capitato con Martina, anche allora si era scansato per non cadere, fottendosene del fatto che si sarebbe fatta male lei. Quando quei suoi ex amici avevano iniziato a "importunarla" (così dicono gli adulti) fuori dalla Vecchia Scuola, tra i motorini parcheggiati a ragnatela e l'angolo della strada, Francesco non aveva avuto paura, perché avrebbe dovuto? Erano i suoi amici, allora. Se si fosse spaventato – come aveva detto prima alla preside e poi ai suoi –, avrebbe avuto almeno una scusa. Invece era stato zitto a guardare, e l'aveva fatto per il gruppo, anche se non condivideva tutto quel toccare e le porcate che quelli le stavano dicendo. Perché pensava che la forza del gruppo fosse quella di proteggersi e non si era mai trovato in quella situazione. Lei, che a quindici anni sembrava già una modella, aveva detto "Smettetela, stronzi!" e aveva lo sguardo rabbioso dell'animale in gabbia, e aveva cercato di aggrapparsi a lui che era di un'altra classe ma Francesco era riuscito a evitare che i loro sguardi si incrociassero e a un certo punto aveva alzato gli occhi verso le vetrate della scuola. E aveva visto la finestra di un corridoio aprirsi perché qualcuno aveva sentito le grida, e il ciuffo bianco di quella di mate si era affacciato e poi erano scesi due prof e correndo via i suoi ex amici avevano urlato "Stavamo solo scherzando", ma lui li aveva conosciuti alla bottiglieria e non erano della Vecchia Scuola e dunque li aveva protetti, dopo, non aveva fatto nomi né niente. Ma quale leggenda e leggenda: era stato un idiota, adesso se ne rende conto. È la prima volta che vivo, si sta dicendo ora. E comunque gli viene da vomitare, adesso, a ripensarci.

"Tutto bene, Fra?"

Jasmine è uscita dal negozio con in mano un libro.

"...sì, sì. Andiamo," risponde Francesco.

Il libro è *The Private Lives of the Auschwitz SS*. In copertina c'è una foto di tre bambine chinate a raccogliere dei fiori.

Quando si incamminano verso i loro compagni, Jasmine scivola su una lastra di ghiaccio. Francesco riesce ad afferrarla per un braccio, rimangono sospesi per un istante in una posizione assurda di equilibrio precario, aggrappati l'una alla giacca dell'altro.

Non cade nessuno dei due.

13.

"Io non... sapevo, non... non immaginavo." Sul pullman Alessandro è seduto vicino a Gianluca, alle spalle del sedile sul quale Francesco e Andrea stanno finendo i loro panini. Gli sta parlando con il sacchetto del pranzo al sacco ancora chiuso in mano e con lo sguardo piantato sull'ingresso del museo di Auschwitz. Gianluca ascolta anche il suo silenzio, senza interromperlo.

"Sono cresciuto qui, cioè non qui, in Italia, non in Romania. I miei mi hanno dato un nome italiano perché mi potessi integrare..."

Fuori fa freddo anche se un sole tiepido, filtrato dal cielo invernale, prova a portare almeno un po' di calore sul piazzale. Gli unici del gruppo che non sono sul pullman stanno aspirando la siga del dopo pranzo.

Alessandro prende fiato, poi continua: "...ma in casa non è che si sia mai parlato della seconda guerra mondiale e di queste cose come nelle case degli altri. Un po' a scuola, ma poco. Forse non ero preparato a vedere tutti quei capelli e poi le foto dei bambini e poi...". Alessandro si interrompe di colpo.

Gianluca appoggia la mano sinistra sulla testa del gigante della marmellata che piange senza vergogna, senza coprirsi la faccia. Le lacrime scivolano piano su quelle guance rotonde di adolescente e non hanno fretta di arrivare a fine corsa. Alessandro e Gianluca rimangono così, forse un paio di minuti, mentre sul pullman alcuni parlano e altri – quasi tutti – stanno zitti. Come in un film muto, Francesco vede Elena fuori che richiama i quattro o cinque che sono ancora sotto a fumare, e quando sono risaliti il pullman riparte verso Auschwitz II, che è a pochi chilometri: Birkenau.

Andrea ha attaccato le cuffie al cellulare e ha gli occhi chiusi, la nuca adagiata sul poggiatesta. Si sente il suono di una batteria, leggero, che dà il ritmo a una chitarra elettrica. Una voce femminile lontana intona una canzone indie rock e sembra intervallare il pianto di Alessandro. Imboccano la strada asfaltata che costeggia Auschwitz I, e Francesco pensa che forse è anche così che si diventa grandi.

14.

Gli ultimi a scendere sono Matteo e il Gatto e la Volpe. Dai loro occhi è sparita quell'espressione da fenomeni che avevano fino a stamattina, un po' come Alessia e Martina, che a furia di coprirsi di arie da mi-sento-una-donna-ormai sembrano ancora più indifese, una crollata in un pianto senza fine e l'altra in una sensazione ignota di apnea. Ad Alessia è rimasta la trasparenza anche nel dolore, e intorno a Martina è sparito del tutto quell'alone di superiorità che infastidiva tanto Francesco. Ognuno dei compagni di viaggio pare essere innanzitutto di fronte a se stesso, alle sue maschere e a come se l'è sempre raccontata, almeno un po'. Ed è una cosa che lui non ha mai vissuto.

La torretta di guardia di Birkenau, quella che vedi sempre se digiti "Auschwitz" su Google Immagini, è lì davanti a loro. Qualcuno la immortala con il cellulare. Ma c'è qualcosa che non torna, perché quasi tutte le foto famose – Francesco se ne rende conto adesso – sono scattate dall'interno e non dal punto in cui si trovano loro adesso. I binari sono *nel* campo. Entrano e lo trafiggono fin quasi all'orizzonte. Quando il gruppo varca la soglia passando sotto la torretta, la guida dall'interno fa cenno di raggiungerlo.

È enorme, non se ne vede la fine.

Immenso.

Una roba mai vista.

"Birkenau," dice la guida ai ragazzi che gli si stringono intorno, "176 ettari, 20 chilometri di strade interne, 25 chilometri di filo spinato. Siamo in quello che è il più grande degli oltre quaranta campi che compongono il complesso concentrazionario di Auschwitz. Siamo in un luogo pensato da esseri umani per altri esseri umani, un luogo pensato per uccidere. Un centro di annientamento."

Il vento picchia, e Francesco sente il freddo che gli passa dentro le ossa. D'istinto si tira il cappuccio della giacca sulla testa, come se potesse dare un attimo di tregua a tutta questa follia, proteggendosene. Poi vede una ragazza di un altro gruppo che piangendo asciuga con una manica le lacrime di una sua compagna. Si sorprende a sorridere nel luogo più simile all'inferno che gli sia mai capitato di incontrare.

Incrocia lo sguardo di Martina, a cinque o sei passi da lui, i suoi occhi entrano in quelli di lei, castani, quasi si intrecciano, scoprono la profondità gli uni degli altri, rimangono stupiti della scoperta e il freddo pungente per un attimo sembra scomparire e anche tutte quelle baracche a perdita d'occhio perché l'occhio ora non le vuole guardare ma resta lì, in quel castano che lo tiene aggrappato al senso della vita, se la vita un senso ce l'ha.

15.

"Dopo giorni e giorni di viaggio, spesso senz'acqua, spesso senza cibo, spesso senza essere potuti scendere per soddisfare i propri bisogni fisiologici, molti deportati non vedevano l'ora di arrivare. In alcuni casi i primi morti erano già sul vagone," aveva detto la guida mentre con il pullman passavano vicino alla Judenrampe. Era il punto in cui venivano scaricati i trasporti carichi di famiglie e comunità di persone considerate "di razza ebraica", prima che i nazisti si rendessero conto che tanto valeva fare arrivare i treni dentro il lager.

"La propria vita dipendeva completamente dalle necessità organizzative del campo. Solitamente i quattro quinti dei deportati venivano eliminati all'arrivo."

I quattro quinti sono l'ottanta per cento, aveva pensato Francesco, ottanta persone su cento, *****.

Si era sentito un singhiozzo, nel gruppo. Ma non si erano voltati tutti di scatto in quella direzione: erano sicuri che chi era vicino a chi stava piangendo non l'avrebbe lasciato in balia delle sue lacrime. "È qui," aveva proseguito dopo una breve esitazione la guida, indicando il vagone che c'è un po' fuori Birkenau, "che arrivarono i deportati fino alla prima metà del 1944 quando, in vista della deportazione massiccia degli ebrei ungheresi, venne approntata la rampa che arrivava direttamente all'interno del campo."

Ora il gruppo di Francesco è più o meno a metà della strada enorme che dalla torretta porta al fondo di Auschwitz II-Birkenau, davanti a quest'altro "vagone memoriale". I piedi sono insicuri sul miscuglio di fango e neve, e si stringono tutti nelle giacche e nei berretti: il sole si sta avviando al tramonto, con molta calma.

"Faceva persino più freddo, negli anni quaranta," ha detto Gianluca ai due Marco che gli chiedevano come la gente potesse sopravvivere qui dentro, in zoccoli e pigiama. "So che non è una risposta: la verità è che me lo chiedo anche io ogni volta che vengo," ha aggiunto Gianluca portandosi i capelli dietro le orecchie e infagottandosi nella sciarpa.

Il vagone è dell'epoca, e forse è stato usato per deportare persone da chissà dove fin qui.

Non ho voglia di chiederlo alla guida: non lo voglio sapere, pensa Francesco.

L'obiettivo era sveltire le operazioni di scarico verso la camera a gas, dove venivano mandati quasi tutti, all'arrivo. Soprattutto vecchi, donne e bambini. Di solito si tenevano in vita solo quelli che potevano servire come schiavi, fino alla loro morte. In certi periodi la speranza di vita media era di tre mesi: la manodopera di ricambio si poteva catturare in tutta Europa, grazie al fatto che centinaia di migliaia di persone ogni mattina si alzavano e facevano il loro lavoro, più o meno burocratico e più o meno convinto, di cacciatori – o trasportatori, o chissà che altro – di esseri umani.

"Camminando a Birkenau oggi," prosegue la guida, "ci sembra tutto così autentico, così vero. Ma se da questa rampa ci avviamo verso le camere a gas lì in fondo, i Crematori II e III, il nostro percorso non ha niente in comune con l'ultimo atto di coloro che qui vennero condotti a morire. Niente. I deportati, consapevoli o meno, stavano solo facendo i loro ultimi passi. Erano stanchi, dopo un lungo viaggio. Erano sopravvissuti ad anni di persecuzioni e di perdita di diritti, agli insulti e alle percosse, alle confische delle loro proprietà, ai ghetti e agli altri luoghi di transito, magari alla morte dei propri cari, al 'trasporto' e alla separazione forzata delle famiglie, e questi ultimi metri non è che avessero un sapore particolare. Sì, erano arrivati in un mondo ignoto che non prometteva niente di buono: qui vivevano un senso di spaesamento totale, a sentir parlare una lingua che non era la loro e a vedersi circondati da gente magra e irriconoscibile. A volte si sentiva anche gridare, ma spesso gli ordini arrivavano senza rabbia, e avveniva tutto nella massima calma. In un silenzio surreale, come ora."

La guida si allontana dal vagone e continua a parlare con voce decisa e colma di rispetto agli studenti che gli stanno accanto: "Confusi, i nuovi arrivati stavano probabilmente pensando ai famigliari dai quali erano appena stati allontanati lì alla rampa, e che come loro venivano condotti verso chissà dove. Non potevano prevedere cosa sarebbe avvenuto nell'ora successiva, così vicino al luogo in cui erano stati scaricati. Anche se il mondo era pieno di segni e le voci correvano in tutta Europa, era davvero difficile immaginarlo, soprattutto per chi veniva da lontano."

Il vento soffia nell'immensità di Birkenau, le dita di Francesco sono bloccate dal gelo, il suo sguardo si perde in questa distesa di filo spinato e di baracche. Nel tempo di una folata ha l'impressione di potersi osservare da fuori, di vedere il suo cappuccio e il profilo del suo corpo di ragazzo in mezzo a questo luogo che sa toglierti il fiato, se ci sei dentro.

16.

"Quelli che sopravvivevano alle prime selezioni, venivano ammassati a centinaia qui dentro, e costretti a condizioni di vita impossibili, in una logica da stalla che prosegue quella dei carri bestiame, in una drammatica lotta per la sopravvivenza..."

Prima di andare verso il vagone memoriale, la guida li aveva portati in una baracca di legno dove avevano visto i letti in cui gli internati passavano la notte uno addosso all'altro come sottilette, e poi le latrine e quella vita invivibile, e da quella luce fioca Francesco aveva avuto bisogno di uscire e non era stato l'unico. C'erano altri sei o sette del gruppo, appena fuori dalla baracca. Matteo era appoggiato alla parete esterna; se non fosse stato vietato avrebbe probabilmente avuto una sigaretta accesa tra le dita. Si erano fatti un cenno silenzioso ed erano rimasti appoggiati tutti e due a guardare l'interminabile filo spinato, mentre la voce della guida si riavvicinava all'ingresso, seguita dai loro compagni.

"...il gas era solo uno dei modi in cui si moriva. Iniezioni letali, fucilazioni, impiccagioni, colpi alla nuca, esperimenti medici, fame, malnutrizione, malattie e lavoro: gli internati erano sfruttati come schiavi..."

"Posso farti una domanda?" Marco, il più alto dei due, si era accostato alla guida chinando il capo.

"Certo."

"Perché non provavano a scappare? Perché non si suicidavano? Perché non si battevano, quelli che stavano per morire e quelli che rimanevano a lavorare come schiavi, aspettando ogni giorno la selezione successiva?"

"Potrei dirti," aveva risposto l'uomo come se fosse abituato a questo genere di domande, "che il regime di terrore nazista che vigeva allora in tutta Europa era perfettamente funzionante, e che tutti avevano paura dei loro persecutori. Potrei chiederti: e dove potevano andare? Avrebbero dato loro la caccia ovunque, casa per casa. Potrei raccontarti anche la storia delle fughe che ci furono, e per le condizioni in cui qui si viveva (si moriva) non furono neanche poche. Furono a centinaia, e alcuni di questi fuggiaschi poterono raccontare di persona al mondo libero cosa stava succedendo..."

"...ma?" l'aveva incalzato Marco, incuriosito.

Il gruppo era in silenzio.

La prof Vedo-sempre-tutte-le-cose-importanti aveva gettato un'occhiata nella direzione di Francesco e Matteo, appoggiati sulla stessa parete come se fossero vecchi amici. Ma non lo erano, e non lo sono.

"Ma... preferisco provare a rispondere alla domanda che hai fatto." Aveva sorriso con serietà la guida. "Credo che ci siano almeno due ragioni, due deterrenti che impedivano alla massa di darsi alla fuga. La prima era la famiglia. Anche gli adulti più forti non si sarebbero mai ribellati, non avrebbero mai combattuto quando erano accompagnati dai loro bambini e dai loro genitori. E lo erano molto spesso. Nella storia della Shoah, quando scoppiarono delle rivolte fu sempre in situazioni nelle quali la famiglia non c'era più... quando le persone rischiavano solo la propria vita, quando non c'era nessun'altra vita da perdere se non la propria."

Francesco aveva immaginato la reazione di monsieur LaPadite se non avesse avuto le sue tre figlie da proteggere, e poi aveva pensato ancora a Simone e a quella sensazione di non poter far più niente per impedire al mondo di andare avanti che aveva provato alla sua morte, quando vorresti dire: "No, vabbe', ma fermatevi tutti un attimo, non ero pronto a questo, ricominciamo". Come se la vita fosse un videogioco con il suo game over e il suo start again, con una scritta che ti dice "Sei fottuto" e un'altra sotto "Vuoi riprovare?".

"...se fosse andata diversamente," la guida aveva continuato a raccontare, "si sarebbero comportati tutti come gli abitanti rimasti nel ghetto di Varsavia, che scatenarono una rivolta eroica come quella dei prigionieri dei campi di sterminio di Treblinka e Sobibór (destinati a morte certa) o come quella che avvenne qui. I membri del Sonderkommando di Birkenau quando, a causa del calo di trasporti, si resero conto che sarebbero diventati presto inutili e sacrificabili, si ribellarono anche loro. Purtroppo, oggi diremmo anche 'per problemi di comunicazione', la rivolta del 7 ottobre del 1944 non si estese a tutto il campo, e si risolse in una carneficina. Avete mai visto il film *Defiance*?" Andrea e un paio d'altri avevano annuito.

"Racconta di come milleduecento ebrei si salvarono nascondendosi per anni nelle foreste bielorusse, coordinati da tre fratelli a loro volta ebrei. Nell'Europa occupata dai nazisti sono tante le storie di rivolta e di coraggio, non dimenticatelo."

Dunque non era vero quello che Francesco aveva sempre pensato: le fughe e le ribellioni ci furono, eccome. Certo non si poteva scegliere a cuor leggero di sacrificare, prima ancora che te stesso, le persone a cui volevi bene.

"...l'altro alleato dei nazisti, forse ancora più potente della famiglia, era la speranza. Nelle situazioni di estremo pericolo la maggior parte delle persone perde la capacità di analizzare lucidamente la propria condizione. È sufficiente che chi organizza un crimine del genere lasci aperta la possibilità che ci sia anche solo un grammo di speranza perché chi sta per cadere nella trappola o ci è già caduto perda completamente la percezione della realtà, e pensi di potersi salvare. Per questa ragione le SS incentivavano ogni sorta di speranza. Pur sapendo che con il passare del tempo la situazione sarebbe peggiorata, molti tra i deportati credevano sul serio che avrebbero lavorato, o anche solo che sarebbero sopravvissuti. Qualcuno, soprattutto nei vari luoghi di transito che erano sparsi ovunque in Europa, parlava di sterminio attraverso il gas... ma perché crederci? Poteva sempre trattarsi di esagerazioni... 'Portate l'essenziale,' dicevano le SS, 'fate un segno di riconoscimento sul vostro bagaglio, così laggiù vi sarà più facile ritrovarlo.' 'Avete lasciato le vostre scarpe una vicina all'altra?' 'Avete ricevuto tutti l'asciugamano?' Poi la porta della camera a gas veniva chiusa, ed era troppo tardi..."

Il gruppo si era ammutolito. C'erano più occhi lucidi intorno a Francesco che macchie di fango sulle sue scarpe o gocce di neve sciolta sotto le suole.

La guida si era incamminata in silenzio verso il vagone che sembrava un animale addormentato sulle rotaie, a mezza via tra la torretta di guardia e i Crematori II e III.

17.

"Le comunità ebraiche di tutta Europa vennero annientate nelle camere a gas di Birkenau," dice la guida tra le rovine dei crematori e il gigantesco monumento alle vittime, "che i nazisti distrussero nel tentativo, non riuscito, di far sparire le prove dello sterminio. Insieme a loro morirono migliaia di altre persone, e in particolare civili e prigionieri di guerra polacchi, sovietici, cechi, francesi, tedeschi, austriaci, e oltre ventimila rom e sinti... undicimila dei quali erano bambini."

La guida indica lo Zigeunerlager, l'area del campo destinata agli "zingari", che venne liquidata, svuotata, in una notte di inizio agosto del 1944.

Poi si incamminano tutti, Gianluca e la guida spediti davanti, Elena e la prof a chiudere il gruppo controllando che nessuno resti indietro. Al fondo del campo c'è questo luogo meraviglioso, una distesa d'alberi magri con la corteccia bianca e nera. Di tanto in tanto tra loro si apre una radura.

"*Birkenau*, bosco di betulle." Questa volta è Gianluca che prende la parola, con il gruppo intorno, immerso in un silenzio quasi religioso. "Siamo nel luogo che dà il nome al campo. Nell'estate del 1944, con l'arrivo in massa degli ebrei ungheresi, i forni non riuscivano più a gestire l'afflusso di esseri umani da sterminare. E allora si decise di farlo anche qui, in questa radura. I corpi venivano bruciati, e le ceneri degli esseri umani sotterrate. Siamo a tutti gli effetti su un cimitero a cielo aperto."

Mentre Gianluca sta parlando, cala la sera.

Raggi di sole arancione sembrano dribblare le betulle, i piedi fanno male per le ore passate a scivolare con delicatezza su questa assurda morte di massa, la neve è soffice, le scarpe non riescono a respingere la fredda umidità polacca.

Sono tutti affaticati dalla lunga giornata ma il luogo è splendido. Romantico, persino. Sembra impossibile che l'umanità abbia annientato se stessa qui, a Birkenau. Francesco si guarda intorno e vede che, mentre Gianluca si ferma perché ha la voce rotta dalla commozione, alcune delle ragazze più grandi si cingono i fianchi le une con le altre, e a un certo punto, come se l'avesse deciso prima, il gruppo si ritrova abbracciato e lui è vicino ad Alessandro e alla prof e sente quelle braccia da gigante e quelle esili da giovane signora che gli trasmettono la stessa forza e lo stesso calore.

18.

Fuori è buio, e i pensieri di Francesco vengono cullati dal rumore delle ruote del pullman sulla strada che si allontana dalla cittadina di Oświęcim, il nome polacco di questo posto.

Prima di imboccare la strada principale del lager per raggiungere i pullman, a fine pomeriggio avevano visitato la Sauna, il luogo in cui arrivavano i deportati, in cui i pochi che venivano immessi nel campo come schiavi diventavano dei numeri. Nell'ultima parte di questo grosso edificio freddo e asettico, quando le emozioni di tutti si stavano placando e anche Alessia sembrava tranquilla, erano entrati in una stanza con una luce talmente soffusa che sembrava di stare in un luogo di culto. Al fondo della stanza, c'erano centinaia e centinaia e centinaia di foto. Niente di più semplice che delle foto ("Sono più di duemila, vengono dai ghetti di Będzin e Sosnowiec," aveva detto la guida). Erano state recuperate dai bagagli dei deportati, e raccontavano la vita di queste famiglie e di queste persone prima di diventare cadaveri, o scheletri, o numeri in una stalla.

Erano belli e brutti, giovani e vecchi, donne e uomini, eleganti e modesti, ridenti e assorti, preoccupati e allegri, e c'erano tante, tante famiglie con bambini. Erano magnetiche come la foto dell'uomo di Amburgo e come l'altra di quello che non cade camminando sui morti. Solo che queste immagini erano così dolci, così simili alla vita di tutti i giorni. Quella vita che Francesco – l'aveva capito solo in quel momento – non è forse mai riuscito ad afferrare appieno.

A un certo punto gli era parso che una foto guardasse proprio lui. Una foto non ti può guardare, Francesco lo sa benissimo, ma c'erano quegli occhi di bambino che erano puntati sul suo viso incappucciato. Si era voltato appena, per non essere brusco, e aveva visto questa immagine di una giovane coppia con un bimbo. La mamma sorrideva, il suo volto era leggermente fuori fuoco. Il papà aveva dei baffi curiosi, la cravatta bene annodata, e all'altezza del cuore una stella gialla con scritto "Jude", ebreo. Il bimbo se la rideva di gusto, guardava un po' fuori dall'obiettivo perché forse nessuno ancora gli aveva insegnato a piazzare le pupille dentro quell'occhio nero. Sembrava il bambino più felice del mondo, ed era maledettamente uguale a Simone.

19.

La voce di Elena strappa Francesco dal ricordo del suo amico.

Distoglie gli occhi dalle luci della strada, e incrocia quelli castani di Martina che lo stanno guardando come nei film la gente spia qualcun altro che dorme. Arrossendo si volta anche lei verso Elena, che ha il microfono in mano. Gianluca è seduto vicino all'autista, completamente girato verso il gruppo, che la ascolta.

"Ragazzi, spero che la giornata di oggi non sia stata troppo dura. Abbiamo imparato tanto, abbiamo visto tanto, ora lasciamo che tutto questo decanti un po'. Dopo vi daremo i dettagli, comunque la giornata di domani sarà dedicata a discutere tra noi quello che abbiamo vissuto, a condividerlo."

Fino a qualche giorno fa, Francesco si sarebbe sentito tradito da questa notizia. Invece adesso, sebbene non abbia voglia di parlare, vorrebbe ascoltare come stanno i suoi nuovi compagni della III C e gli altri del gruppo, cosa hanno da dire.

"In questo momento," prosegue Elena, "vorremmo solo leggervi le parole che un preside di un liceo americano mandò, all'inizio dell'anno scolastico, ai suoi insegnanti."

Elena fa una pausa, e pochi secondi dopo la sua voce spezza di nuovo il silenzio.

Caro professore,

sono un sopravvissuto di un campo di concentramento.

I miei occhi hanno visto ciò che nessun essere umano dovrebbe mai vedere: camere a gas costruite da ingegneri istruiti; bambini uccisi con veleno da medici ben formati; lattanti uccisi da infermiere provette; donne e bambini uccisi e bruciati da diplomati di scuole superiori e università. Diffido – quindi – dell'istruzione.

La mia richiesta è: aiutate i vostri allievi a diventare esseri umani.

I vostri sforzi non devono mai produrre dei mostri educati, degli psicopatici qualificati, degli Eichmann istruiti. La lettura, la scrittura, l'aritmetica non sono importanti se non servono a rendere i nostri figli più umani.

Steve Earle & The Dukes
Billy Austin

"I knew I should be feeling something
But I never shed tear one."

Basta piangere

1.

Fra, dove sei?
(sono Gianluca)

Non è che Francesco sia uno che sparisce, di solito. E il telefono ce l'ha sempre in tasca, per cui se l'ha lasciato vibrare è stato solo perché rispondere all'estero è come farsi rapinare, e lui ha poco credito e due messaggi a Kappa e al mister li vuole ancora mandare, e magari anche un altro a casa. Il numero di Gianluca non ce l'aveva, è vero, ma non avrebbe risposto comunque.

Gli dispiace un po' per la prof Che-preferiva-quando-i-prof-gli-stavano-tutti-sulle-***** (sarà preoccupata), e anche per Elena e Gianluca, ovvio, e Andrea, Alessia, persino Jasmine... ma non è che puoi sempre stare lì a preoccuparti per gli altri, soprattutto quando hai solo bisogno di respirare un attimo. E comunque non c'è niente di cui avere paura: è ancora presto, la piazza principale di Cracovia è piena di gente e lui non si è allontanato di molto. In realtà si è solo infilato in un parco che sarà a cinquecento metri scarsi da dove gli altri sono andati a cena, e che costeggia questa strada in cui scorrono tram che sembrano del Paleolitico e che non ha mai visto neanche in fotografia.

È che Francesco non ha fame e voleva stare un po' da solo, tutto qui.

È seduto sullo schienale di una panchina verde a guardare i passanti e a pensare a questi due giorni e mezzo, all'arrivo e a quando era riuscito ad accaparrarsi una camera da quattro, in ostello, con Andrea e i due Marco, che li avevano subito adottati anche se la prima sera erano tornati a chissà che ora. La prima sera – sembra passato un mese, pensa Francesco – erano andati in quel ristorante fatto tutto di legno anche con la prof Che-aveva-mangiato-come-un-camionista e con Elena e Gianluca e quello che tutti chiamano "Davidone", e c'erano tre o quattro altri gruppi e qualcuno aveva iniziato a fare amicizia anche con quelli più grandi. E poi i minorenni erano dovuti rientrare in ostello e qualcuno aveva corso tra i corridoi e fatto casino finché a un certo punto non si sentiva solo l'arpeggio della chitarra di Andrea, almeno Francesco non aveva sentito più nessun altro rumore. Alessia seduta sul pavimento della stanza guardava Andrea con gli occhi da pesce che si sta innamorando mentre Francesco era con le scarpe sul letto appoggiato al muro, e sulla porta c'era Martina e anche Alessandro era stato un po' con loro, e prima che la prof Che-la-sera-sapeva-chiudere-un-occhio dicesse che era ora di andarsene a dormire si erano trovati in dieci o dodici nella loro stanza da quattro e qualcuno raccontava storie assurde e altri ascoltavano e Francesco non si era sentito di troppo neanche per un istante.

"Dicci della Vecchia Scuola, Fra," gli aveva chiesto a un certo punto Martina, cercando uno sguardo complice.

"Niente, era un incubo, ma ci si scassava anche," aveva risposto lui facendo un po' il fenomeno, e aveva dirottato l'argomento sulle cazzate che faceva con Kappa negli intervalli, perché nessuno gli chiedesse come mai aveva cambiato scuola tra il primo e il secondo quadrimestre.

Il giorno dopo, poi, era stato molto simile a una gita (camminate, musei), ma le storie che avevano sentito dalle guide polacche erano pazzesche. Quando erano arrivati i tedeschi a Cracovia c'erano decine di migliaia di ebrei, ed erano stati concentrati in un ghetto e vivevano come topi in scatole di sardine – finché non li avevano deportati praticamente tutti. Elena e Gianluca avevano accompagnato il gruppo dentro il perimetro dove si trovava questo ghetto, e da quelle parti c'era anche la fabbrica di Oskar Schindler, l'industriale che aveva salvato un sacco di ebrei su cui hanno fatto il film, e lì oggi c'è un museo che racconta la vita della città di Cracovia durante l'occupazione tedesca.

"Uao, questo posto è stato finanziato da Steven Spielberg in persona, il regista di *Schindler's List*... 1993!" – aveva detto WikiAndrea scompigliandosi il cespuglio, mentre guardava le foto in bianco e nero del backstage del film nel bar del museo. Avevano sentito storie di ragazzi come loro a cui era stata distrutta la vita, da un giorno all'altro, solo perché erano considerati diversi. Francesco era disgustato, è vero, ma non è che fosse rimasto colpito più di tanto: in quel quartiere degradato dove c'era il ghetto ora rimane solo un pezzo del muro che avevano costruito i nazisti, e poco altro.

Andare ad Auschwitz e a Birkenau era stata tutta un'altra cosa.

Quella sensazione che Francesco conosceva bene e che all'inizio di gennaio lo accompagnava nella Scuola Nuova era sparita, per lasciare spazio a quest'altra che lo sta attanagliando più fra gli occhi e i pensieri che tra la pancia e il petto. È una nuova sensazione che non ha una forma precisa e forse neanche un nome ma gli ha chiesto – ha preteso da lui, quasi fosse un umano nascosto nel suo corpo – un momento di solitudine totale, e di silenzio.

Un'immensa tristezza dentro, ecco.

Immensa.

Filter
The Best Things

"Gotta green light gotta green light yeah
But I'm going nowhere
Gotta green light gotta red light yeah
No cop no stop I don't care."

2.

Sarà che Cracovia non è una città tanto grande, sarà che Gianluca la conosce alla perfezione, fatto sta che di colpo i suoi capelli legati sulla nuca appaiono dietro un tram. Al suo fianco si muove con passo sicuro sulla neve una specie di armadio che sembra sceso da un altro pianeta. Vedere questa strana coppia a Francesco strappa un sorriso, anche se si rende conto che la situazione non è certo delle migliori. Ha ancora il telefono in mano, e scorre gli altri due messaggi ricevuti tra una chiamata e l'altra, cercando di produrre in fretta una scusa credibile a cui aggrapparsi. Gianluca lo vede, e dà un leggero colpo sul braccio al gigante polacco, poi indica verso la panchina, al che l'uomo si illumina e inizia a gesticolare come se avesse trovato un tesoro nascosto dai nazisti nel baule della sua macchina.

In pochi passi arrivano a un paio di metri dalla panchina.

L'armadio agita la mano a taglio accompagnando il gesto con un'occhiata simpaticamente minacciosa come a dire "Se fossi mio figlio non sai quante ne staresti per passare... ma per fortuna non lo sei". L'espressione di Gianluca invece è un mistero per Francesco, che non sa davvero cosa aspettarsi.

"Thanks, Marek," dice Gianluca rivolto all'uomo-armadio.

"No problem, amico," risponde lui sorridendo. "Francesco, Francesco..." aggiunge bonariamente mentre si allontana scuotendo la testa. Gianluca mette i piedi sulla panchina e si siede anche lui sullo schienale, si piazza il cellulare davanti agli occhi e scrive un messaggio. Francesco sbircia senza farsi vedere.

Trovato

Gianluca scrive solo questo, e invia.

Quando Marek è ormai un punto sulla distesa bianca delimitata da alberi e lampioni, è Francesco a parlare per primo.

3.

"Avrai pensato che sono un ********."

Gianluca guarda le tracce di neve che ha lasciato sulla panchina. Sfila una sigaretta da un pacchetto mezzo accartocciato e riesce ad accenderla solo dopo cinque tentativi. Francesco lo guarda, passandosi i palmi delle mani sulle orecchie fredde. Non gli viene in mente di tirarsi su il cappuccio della giacca né quello della felpa che ha sotto, chissà come mai.

"Sai, Fra," Gianluca incomincia a parlare come se non lo avesse sentito, "ti devo confessare una cosa..."

Francesco non sa cosa dire, e non dice niente.

"...ormai è da un po' di anni che faccio viaggi come questo. Non è proprio un lavoro, anche se in alcuni periodi dell'anno assomiglia molto a un lavoro per alcuni di noi. Ma io mi dico sempre che se dovessi iniziare a viverlo come un'abitudine, tipo andare in ufficio, smetterei. La cosa più bella di questi viaggi è che voi siete sempre diversi, cioè ogni anno abbiamo ragazzi nuovi con cui confrontarci... da cui imparare."

Per la prima volta da quando l'ha trovato, Gianluca guarda Francesco negli occhi.

Dà un tiro di sigaretta più profondo degli altri, poi continua.

"Non è che ci siano delle formule esatte, per passare il tempo con voi e aiutarvi a fare questo pezzo di strada. Però ci sono delle situazioni ricorrenti. Un paio di anni fa ho iniziato a pensare che la prima idea che ci facciamo di voi spesso è sbagliata. Ti faccio un esempio: i ragazzi e le ragazze che all'inizio ti sembrano brillanti spesso si rivelano dei fuochi di paglia e nel tempo svelano tutte le loro insicurezze. Magari ci stanno dentro, ma proprio perché sanno di essere avanti è facile che si siedano, che si sentano migliori degli altri..."

Francesco pensa a Martina.

"...ovviamente è nostro compito cercare di capire anche le loro fragilità," prosegue Gianluca. "Ma vorrei parlarti dell'immagine che ho di te, anche se ti conosco poco. So che sei appena arrivato nella Scuola Nuova, me l'hai anche scritto... e penso che sia un gran casino all'inizio, no?"

Francesco annuisce guardando le rotaie dei tram, immobili.

Alcuni fiocchi di neve cadono dall'albero davanti a loro, posandosi per terra.

"Ora, io non so perché hai cambiato scuola, e se me lo vorrai raccontare ti ascolterò volentieri. Vorrei solo dirti che a me sembri un tipo tosto, un po' come il tuo amico Kappa, anche se suo padre ha il camper e tu non ancora, credo." Gianluca gli fa l'occhiolino e gli dà una mezza spallata che per poco Francesco non vola giù. "Volevi stare un po' per i fatti tuoi o è successo qualcosa che non so?"

Francesco riflette un po', prima di rispondere.

"Io, alla fine l'ho deciso io, ecco," dice.

"...di venire in viaggio?" gli sorride Gianluca spegnendo la sigaretta.

"Sì," risponde Francesco, "cioè se avessi voluto ce l'avrei fatta a non venire, combattendo con i miei. Non dico che era una lotta facile, perché loro parlano sempre di

’ste ***** di esperienze arricchenti senza sapere come poi le vivo, e tante volte cercano di impormele. Ma alla fine ho deciso che era giusto, perché non è un gran periodo, questo, e ho pensato che magari era una buona idea cambiare aria. E poi... e poi mi è piaciuto quello che mi hai scritto... È difficile che a qualcuno interessi veramente quello che pensiamo noi, e credo che invece voi siate un po’ diversi.”

“Be’, wow,” risponde Gianluca. “Hai detto una cosa molto bella.”

“...mi spiace essermene andato così, senza dirvi niente. E poi neanche ti ho risposto al telefono. Comunque sì, volevo stare un po’ per i fatti miei...”

“Non ti preoccupare,” lo interrompe Gianluca, “la tua prof era solo un po’ presa male, le ho scritto che ti ho trovato. Ha passato una brutta mezz’ora, e anche noi. Magari dopo la corrompiamo offrendole una birra, che dici?”

Francesco ride.

“Ancora due cose, Fra, e poi andiamo a scassarci un po’ di zuppa polacca, eh?”

“Ok.”

“Un mio amico, quando avevamo più o meno la tua età, sembrava incapace di vivere. Si faceva del male in ogni modo possibile e immaginabile, eppure quando eravamo in gruppo era così vitale che mi chiedevo come fosse possibile che lui stesse male come diceva. Un giorno, alcuni anni dopo, eravamo così su una panchina e mi ha detto: ‘Sai, Gianlu, ho letto un libro e ho capito tutto’. Io non avevo idea di cosa stesse parlando, anche se con gli amici non è che servono molte parole. Lui ha continuato. ‘Il libro si chiama *Non buttiamoci giù*.’ È la storia di queste persone,” prosegue Gianluca strofinandosi gli occhi nello sforzo di ricordare quella conversazione, “non so quante (tipo quattro o cinque), che si trovano sul tetto di un edificio famoso la notte di Natale o di Capodanno perché vogliono farla finita. Ma visto che ciascuno di loro si era immaginato di buttarsi in solitudine, il momento va a farsi fottere e allora decidono di darsi qualche giorno di tempo per ripensarci tutti, sai, magari qualcuno cambia idea. Poi, se dovessero essere ancora convinti, allora piuttosto si darebbero i turni e uno dopo l'altro farebbero il grande salto. Boh, qualcosa del genere... non so perché io il libro non l'ho letto, ma il mio amico sì."

A Francesco viene di nuovo da ridere per come Gianluca si spreme a cercare di raccontare un libro che non ha letto, ma il discorso è dannatamente serio. Simone si affaccia nei suoi ricordi, ma non è più qualcosa da arginare, è qualcosa di cui si può sentir parlare, almeno.

"Comunque, il mio amico era seduto come te ora, così proprio. E mi ha raccontato che alla fine, quando si ritrovano sul tetto, ognuno si è fatto i suoi ragionamenti, e a un certo punto un personaggio dice: 'Ho capito che volevo suicidarmi perché amavo troppo la vita'."

tic

tac

tic

Non c'è neanche un orologio in tutto il parco, chiaro, ma Francesco ha la netta impressione che il tempo si sospenda per qualche secondo.

"Perché amavo troppo la vita": ok, sarà anche una frase a effetto, comunque è quasi sicuro che ci ripenserà, prima o poi.

tac

tic

tac

"Capisci?" aggiunge Gianluca. "Il mio amico si è reso conto che lui aveva quella cosa lì, nel petto, perché la vita è troppo bella e a volte hai la sensazione di non riuscire ad afferrarla come vorresti... e allora vorresti scappare via."

4.

"Comunque i tuoi compagni chiedevano tutti di te, erano preoccupati," Gianluca ha delle scarpe che lo tengono a malapena in piedi, figurarsi a camminare in salita verso la piazza centrale di Cracovia, ma come per miracolo riesce a parlare.

In questo viaggio è tutto così assurdo che Francesco sta pure per credere alle sue parole.

"Mmmmh, non credo tutti," risponde alzando le sopracciglia in un'espressione buffa.

"Ti riferisci a Matteo?" chiede Gianluca, fermandosi.

"Be', sì, tipo."

"Pensa che quando Andrea mi ha dato il tuo numero è stato lui a dire che avresti potuto essere nel parco. Non ha fatto battute da stronzo, giuro. Secondo me ha dichiarato una specie di tregua, e non solo a te."

Detto questo Gianluca riparte, Francesco gli va dietro alzando le spalle e tirandosi il cappuccio sulla testa.

5.

Che poi non è che la gente chiede davvero "Dove sei stato?" e quelle cose scontate lì, soprattutto Andrea e le ragazze, e Francesco si trova addirittura un piatto di carne ancora tiepido sul tavolo e la serata è avvolta da questa coperta di emozioni forti e c'è chi parla e chi sta zitto a osservare gli altri, chi ha un bisogno matto di ridere e chi forse vorrebbe ancora piangere un po', chi non si capisce cosa stia pensando. E ognuno è da solo ma in un modo nuovo che Francesco non ha mai visto. C'è questo spirito di gruppo anche con i più grandi.

Quando stanno andando a pagare la cena, Elisa, quella che ha forse diciannove anni e quattro piercing e che a volte fa la dura, si avvicina a Francesco di soppiatto. Si appoggia al bancone con una birra in mano, e lo guarda negli occhi: "Ehi, tutto ok tu?".

"...sì, credo di sì... grazie," risponde Francesco, stupito.

"E di che?" sorride lei. "Io sono Elisa, comunque," aggiunge allungandogli il boccale "...Francesco, giusto?"

"Giusto," conferma lui tra due sorsi di birra.

"Comunque, anche se non ti conosco sei un grande, secondo me," gli dice lei passandogli le dita con lo smalto blu sui capelli che stanno crescendo alla velocità della luce.

"Grazie," risponde Francesco, e subito dopo si sente un idiota perché non è che dici grazie se una ti dice sei un grande. Ma lei sembra prenderla bene.

"Prego! Venite a bere una birra con noi? Vi va?"

6.

"Il fatto è che leggiamo e studiamo nomi come se fosse una cosa normale, e che dietro ci siano storie, persone... ecco, è una cosa che io non avevo mai considerato," Elisa ha appena spezzato il silenzio di imbarazzo.

Sono tutti seduti per terra nello slargo del corridoio che c'è all'altezza della tromba delle scale, in ostello. La prof Che-in-viaggio-sembra-quasi-invisibile e Lapazza della Vecchia Scuola sono in disparte: Elena e Gianluca hanno chiesto loro di non partecipare perché i ragazzi si sentano più liberi di esprimersi.

Elena ha lanciato la discussione, e Francesco ha l'impressione che su queste piastrelle fredde ci sia un bisogno pazzesco di condividere emozioni e pensieri.

"Che cosa avete pensato, ieri?" ha chiesto Elena. "Che cosa avete provato?"

Quasi tutti i maschi sono seduti in quel modo per cui ci si deve abbracciare le ginocchia per stare comodi, e alcune ragazze sono a gambe incrociate, con il corpo totalmente a proprio agio. Anche quelli e quelle che sembrano più scomodi a star con le chiappe per terra stanno osservando Elena e gli altri compagni di viaggio con uno sguardo serio, riflessivo. Se le domande si potessero guardare, starebbero guardando le domande che ha appena fatto Elena, in realtà.

"Io volevo fare una foto alla recinzione di Birkenau, ma era troppo grande," dice uno dei ragazzi. "Non ci sono riuscito. A un certo punto mi sembrava di pensare solo a quello."

"...ho provato tanta rabbia," aggiunge il suo vicino. "Per la prima volta nella mia vita non avevo parole per dire come stavo."

"Io mi sono sentito più vivo," dice un Marco, "lo so che sembra una bestemmia."

Un momento di silenzio, di rincorsa, e poi come un'orchestra sei o sette dei maggiorenni iniziano a raccontare, ciascuno di sé, l'impatto che ha avuto la vista di quel baratro. Francesco cerca di capire quanto le loro parole arrivino ai suoi nuovi compagni della III C. Andrea ha il collo leggermente reclinato verso il basso, ma i suoi occhi studiano, concentrati, i discorsi che stanno prendendo forma. Matteo è seduto vicino al Gatto e la Volpe, come Francesco avrebbe potuto prevedere, e i tre sono in un punto in cui si possono appoggiare tenendo le gambe distese: con la nuca contro il muro, ascoltano. Fabio guarda sempre i suoi scarponi come quando erano ad Auschwitz e a Birkenau. Alessandro è incassato nella sua felpa, ma le spalle sembrano più larghe del solito. Jasmine è vicina a Francesco, che percepisce appena il contatto con il suo braccio, e la sente forte, solida. Alessia ha gli occhi umidi, ma sorride per questa capacità di condividere i propri pensieri che si srotola, e scopre se stessa in un anonimo ostello di Cracovia. Al suo fianco Martina ha nello sguardo una nuova luce, decisa.

"Io mi sono sentita in colpa perché non provavo niente," dice, e sul corridoio cala di nuovo il silenzio.

Francesco si rende conto che ci vuole del coraggio, per prendere la parola e inserirsi in questo flusso di pensieri di qualcuno più grande di te. Nei secondi che seguono le parole di Martina riesce a guardare più persone in faccia che in una giornata qualunque dell'anno. C'è chi prova a mostrarsi sicuro di sé e chi tace, chi non nasconde la propria timidezza, chi pensa e basta. Cinque, sei, sette "anch'io" risuonano nel corridoio. Elena e Gianluca si guardano intorno, dando solo il ritmo della discussione con gesti appena accennati. Alberto, che fino a adesso sembrava uno spavaldo, dice: "È che ci hanno talmente cresciuti con questo mito qua che arrivi preparato a vedere l'inferno, e pensi che vederlo ti potrebbe uccidere. Ma non lo fa, non ti uccide mica, e tu ti senti catapultato in un altro mondo".

Magda, la ragazza con gli occhi blu che è seduta due posti più in là, aggiunge: "Mi sembrava di essere diventata di colpo un... automa, mi muovevo nel campo e non sentivo niente, nonostante quello che vedevamo e ascoltavamo".

Jasmine tira fuori il bloc-notes dalla tasca posteriore dei jeans, lo sfoglia un secondo e poi interviene: "...è quando si sbatte la faccia contro una vetrina piena zeppa di capelli usati per fare tessuti, quando intravedi nei lembi dei tessuti qualche capello, che capisci che sono stati uccisi veramente degli esseri umani".

7.

"Vi siete immedesimati in qualcuno in particolare?" chiede Elena.

Uno dopo l'altro, nella memoria a breve termine di Francesco, sfilano partigiani polacchi e prigionieri di guerra sovietici, e poi omosessuali e "zingari", e testimoni di Geova e "asociali", e i criminali comuni che spesso si trovavano a fare i kapò... E poi, e poi tutte quelle famiglie, con i convogli che negli ultimi mesi arrivavano fin dentro Birkenau.

*******, pensa Francesco.

"Lo so che non è passato neanche un secolo," dice Fatima in quel suo modo maturo di esprimersi, "ma quando lo leggi sui libri di storia ti sembra così lontano, così freddo. Lì ho capito che ciascuno di noi avrebbe potuto essere trascinato in un posto del genere. E che gli uomini sono tutti uguali, quando arrivano al bivio tra la vita e la morte."

"Io ho pensato," dice l'altro Marco, "al discorso che quell'SS ha fatto al contadino francese, nel film che abbiamo visto al primo incontro, sugli scoiattoli e sui ratti che si devono nascondere perché la gente gli dà la caccia senza sapere neanche bene perché. Mi sono chiesto se capitasse a me... non lo so se ne avrei il coraggio, ma quando ho visto le foto delle famiglie che andavano verso la camera a gas ho pensato che preferirei suicidarmi piuttosto che vedere morire mia madre o mia sorella."

Qualcuno annuisce, altri scuotono appena la testa.

"Quando ho visto tutti quei triangoli che identificavano i prigionieri," dice Andrea, "e la stella gialla per gli ebrei, e i tatuaggi con i numeri, ho pensato ai film di fantascienza tipo *Divergent*, quelli dove l'umanità è divisa in categorie, e a quanto può essere pericoloso classificare le persone. Perché forse se inizi a classificare non è così difficile, poi, dire chi secondo te è meglio e... chi è peggio."

"Ne abbiamo parlato in classe," interviene Giuseppe, il ragazzo della III C che scarabocchia tutte le superfici che incontra, "di come si può passare da una persecuzione leggera a una sempre più pesante, nel tempo. E di come gli uomini si possono abituare anche ai peggiori crimini, soprattutto se ci si arriva passo dopo passo, se qualcuno li convince che è la cosa giusta e allo stesso tempo li spaventa, perché potrebbe sempre capitare a chiunque, di diventare un 'nemico'."

"...mi dicevo non piangere non piangere non piangere." È di nuovo Marco che parla. "Non ho pianto, perché mi hanno insegnato che è da deboli, e solo ora ho capito che non è così."

Eleonora, quella con il corpo da donna e la risata contagiosa, sembra parlare con se stessa: "Io in viaggio mi sono portata la mente e il cuore, e forse adesso ho capito come è potuto succedere... ma non ho capito perché".

Quando Alessia alza la mano aspettando il suo turno, il gruppo si guarda e Francesco sente un'emozione mai provata prima. Durante la visita era la più disperata di tutti: sembrava sprofondata in una tristezza senza fine.

"Lo dico con le parole dei bambini," esordisce con voce sicura, unendo le mani come in una preghiera, "che sanno essere più diretti di noi: abbiamo visto la cosa più brutta della storia dell'uomo. La più grande, forse, e la più brutta. Ci ha lasciati tutti senza parole. Lo avete sentito, il silenzio? Quando ti capita di stare in silenzio, nella vita di tutti i giorni? Possibile che così tante persone in uno spazio di cui non vedi la fine non facciano nessun rumore? Sentivo solo il mio pianto, e un uragano dentro. So che sembra una follia, ma in questa cosa ho iniziato a vedere la bellezza, i brividi... i brividi hanno vinto sull'apatia. Anche io mi sono sentita viva, e ora è stupendo stare qui con voi a condividere tutto questo. Non mi sento sola."

"Grazie," interviene di nuovo Elisa, appoggiando i gomiti sulle ginocchia. "Elena e Gianluca, grazie per avermi messo in crisi. Spesso gli adulti ci dicono che passiamo il giorno a cazzeggiare, invece voi cercate di farci ragionare portandoci qui. E magari non sbagliano, ma qualche volta vorrei chiedergli: 'Sì, ma voi? State facendo qualcosa? Cosa fa l'Europa per tutti quei morti in mare, per esempio? Siamo tanto diversi dai tedeschi durante il nazismo? Era così pazzo, Hitler, o la gente preferisce sempre stare al caldo a sperare che non capiti niente o che al massimo le cose capitino agli altri?'. Non è che queste cose non succedono più. Certo che ogni volta è diverso, lo so. Però ora ho voglia di rimettere in discussione le mie certezze e mi rendo conto che tutto quello che mi preoccupava e mi spaventava della mia vita lo guardo con occhi nuovi. Non mi tirerò indietro. E anch'io, come Alessia, sento forte questa cosa del gruppo, del nostro e in generale, di noi come generazione, proprio."

"Anche io..." Sulla scia di Elisa, Francesco incomincia a parlare. Sente lo sguardo di Gianluca e di Andrea, dei due Marco, della prof Che-ascolta-quasi-senza-respirare, di tutti. "Una parte di me... una parte di me preferiva non toccare con mano questa storia, non volevo neanche venire. Immaginavo che fosse come quando un mostro appare di colpo nei sogni e tu sai che i mostri non esistono e non sai cosa ti può succedere ma sei terrorizzato perché è lì, davanti a te, e non hai idea di come si fa a reagire... non te l'ha insegnato nessuno. Ad Auschwitz mi sembrava di stare sott'acqua, eppure non affogavo mai. Sentivo le cose terribili di cui gli esseri umani sono stati capaci, ma intorno a me vedevo persone che stavano male e che piangevano per questo e che si aiutavano, si sostenevano e si asciugavano le lacrime. E adesso sento dei discorsi intelligenti, vedo un sacco di ragazzi come me qui intorno, con il **** per terra in questo corridoio, e mi sembra che stiamo prendendo sul serio tutta questa faccenda... come un problema nostro."

Qualcuno sorride a Francesco, e Jasmine gli stringe il braccio in un gesto istintivo, quasi materno. Lui aggiunge: "Mi sono accorto che non ho più motivi per avere paura, in mezzo a voi".

Dice paura, lo dice davvero, dice l'unica-parola-che-dovrebbe-essere-proibita-per-legge-dai-vocabolari come se fosse una cosa che si può provare.

8.

ehi 6 qui?

presente!

Francesco si è connesso un paio di minuti dal pc dell'ostello, prima di uscire con gli altri.

Kappa sta scrivendo... Kappa sta scrivendo...

come butta laggiù Fra?
Io stasera mi faccio il tetto della bottiglieria
nn c'è manco un tag là sopra ;)

qua tutto a posto
*fai attenzione testadi******
il fiume è ghiacciato

certo bro x chi mi hai preso?
mi manca ancora mezza città

oh Kappa

eh

sai quella cosa che mi dicevi

sì lo so

e come lo sai?

lo so.

ah e che dici?

dico buttati

già buttati

tu lo diresti a me, fratello

vero.

9.

Erano quasi tutti d'accordo, sul fatto che una storia del genere potrebbe ricapitare, o che addirittura fosse già successa dopo il 1945, come se un'altra tabellina invisibile continuasse a battere il tempo, e ogni tot anni, in qualche parte del mondo, qualcuno provasse a spazzare via dalla faccia della terra un altro gruppo umano individuato sulla base di caratteristiche più o meno reali. Gianluca aveva ritirato fuori la roba delle rime: "La storia non si ripete mai uguale a se stessa: al massimo fa le rime," aveva detto. Alcuni dei più grandi avevano parlato di guerre e di persecuzioni che Francesco aveva sentito appena nominare. Questi nomi di posti vicini e lontani gli rimbalzano ancora nei ricordi della mattina prima, come il ticchettio dell'orologio della scena di LaPadite. Vorrebbe saperne di più, di tutti questi Giorni della Memoria e del Presente mancati che a scuola non si studiano mai, ma ora non può chiedere a Google perché il treno è ancora in territorio polacco: sono partiti da poco.

"Ex Jugoslavia."

"Ruanda."

"Cambogia."

"Armenia."

"Il genocidio armeno è successo prima," era intervenuta Elena. "Pensate anche al massacro dei nativi americani dopo la cosiddetta scoperta dell'America, o a quello degli Herero in Namibia, più di un secolo fa... Purtroppo l'uomo non ha mai smesso di pianificare e mettere in atto pratiche di sterminio massiccio, e ha iniziato da molto tempo. Ma gli antidoti esistono, e per me voi siete il migliore di tutti."

Avevano parlato a lungo di storia e degli altri genocidi e di tutte queste vicende che si assomigliano eppure sono sempre diverse l'una dall'altra, e di come si sarebbe potuto intervenire per fermarle, in passato. Ma avevano parlato anche di oggi, e di possibili domani.

"Capita tutti i giorni in ogni parte del mondo, qualcosa che 'fa le rime'," aveva detto Jasmine. "E non parlo del Medio Oriente, da dove vengono i miei, tipo Israele e Palestina o la Siria, ma anche di quello che succede intorno a noi, se ci pensiamo... Comunque, io vorrei solo chiedere: e se un giorno arrivassero a casa tua, non a cercare te ma il tuo vicino, e lui bussasse a casa tua chiedendoti aiuto, tu cosa faresti? Rischieresti la tua vita per lui? E se fosse addirittura uno sconosciuto? Io credo che queste cose accadano perché tolleriamo tante piccole e grandi ingiustizie, tutti i giorni, e spesso per il nostro tornaconto personale. Ci vuole un pizzico di follia, per uscire dal conformismo."

10.

Molto tempo fa, le prime volte che aveva dormito lontano da casa e dalla città, Francesco aveva provato una nostalgia pazzesca. Poi questa specie di malattia dei bambini era sparita: era almeno sei o sette anni che non c'era più.

Ora, guardando se stesso negli occhi riflessi dal finestrino del pullman, ci sta ripensando, come se il video della propria vita si potesse mandare indietro quando ti pare. Rivede quando coi suoi non ci litigava mai, o forse sì, ma per le cagate che fanno innervosire i bambini. L'immagine dopo vorrebbe scacciarla come una di quelle specie di farfalle che svolazzano nelle dispense, perché è l'immagine di suo padre diverso da come lo pensa di solito, tipo, di suo padre che ogni mattina esce di casa prima ancora che Francesco si svegli e che a volte la sera quando lui torna da allenamento è sul tavolo della cucina immerso in scartoffie e un paio di volte ha visto sua madre che gli passava la mano tra i capelli e ora con la fronte appoggiata al finestrino umido pensa che forse suo padre è umano, forse è solo una persona che sbaglia ma che lo fa in buona fede, che cerca di tirarlo su nel modo migliore possibile...

Fra, non esagerare, si dice. E che *****.

11.

Il treno è molto più silenzioso che all'andata.

Francesco ha i piedi appoggiati sulle gambe di Alessia, che dorme accoccolata sulla spalla di Andrea. Martina e Jasmine sono andate a farsi un giro, Alessandro ha preso un quaderno e rovista nello zaino in cerca di una matita. Trova un mozzicone ancora in grado di fare il suo dovere.

"Che scrivi?" chiede Francesco.

"Ho deciso di scrivere la mia lettera al signor LaPadite, che non l'avevo fatto," risponde Alessandro, fiero e tenero. La matita sparisce tra le sue manone e inizia a frusciare, riempiendo una riga dopo l'altra.

Quando si alza un attimo per andare in bagno, Alessandro lascia il foglio sul sedile. Le parole sono grandi, così uniformi che sembrano uscite da una macchina da scrivere di quelle di mille anni fa, pensa Francesco mentre sbircia la lettera, quasi senza volerlo fare.

Caro signor LaPadite,

volevo solo dirti che per me questo viaggio è stato più che altro un inizio. Ho scoperto molte cose che non conoscevo e ho capito che la Storia (anche quella più difficile da accettare) è fatta da persone come noi.

Ce l'ha detto Gianluca: perché una tragedia del genere si ripeta serve un sacco di gente indecisa, spaventata o insicura, che oscilla tra un atteggiamento e l'altro. Ecco, forse lui non se ne rendeva conto mentre lo diceva ma stava parlando anche di me (non mi sento mica diverso da te, io, signor LaPadite). Un giorno qualcuno dal futuro guarderà le nostre vite, per qualcuno un giorno le nostre vite saranno la Storia.

Noir Désir
Le vent nous portera

"Tout disparaîtra mais
Le vent nous portera."

12.

Questo Mostro Di Fine Livello è sconfitto, una volta per tutte.

Ma forse ogni volta che Francesco inizierà qualcosa di nuovo, ogni volta che comincerà un'altra avventura, ogni volta che dovrà partire con degli sconosciuti o anche con degli amici, questa sensazione si riaffaccerà. Sarà diversa, perché si sente cambiato, come se fosse passato in un macchinario costruito per alleggerire, per farci respirare.

Mentre chiude gli occhi, alcune immagini accompagnano l'odore dello scompartimento e il rullare del treno. Le luci a intermittenza e gli abbracci sudati e sinceri dell'ultima sera, dopo quell'assemblea in cui sembrava che tutti e settecento i partecipanti avessero qualcosa da condividere, e poi la prof Che-ballava-in-mezzo-ai-suoi-compagni e Gianluca e Davidone che parlavano fitti fitti come se fossero amici dalla Preistoria. E a un certo punto Elisa l'aveva trascinato a ballare con i più grandi e lui ha sempre odiato ballare ma non sentiva in quegli sguardi nessuno che giudicasse la sua immobilità, nessuno che gli chiedesse "Che c'hai, non ti diverti?" come fa sempre la gente che non capisce quelli a cui non viene proprio da muoversi. E poi c'era stato quel momento in cui Matteo aveva puntato Martina, e Francesco li aveva visti da lontano ed era lì, mezzo inchiodato tra decine di persone felici e lo era anche lui e da in mezzo alla calca aveva visto Matteo e la sua barba da adulto avvicinarsi sempre più ai capelli rossi di lei che cercava di dirgli qualcosa come "Lasciami in pace", e le gambe di Francesco si erano fatte largo tra la folla da sole e mentre si avvicinava gli occhi di Martina l'avevano visto e c'era stato di nuovo questo modo di scoprire l'iride e le pupille l'uno dell'altra.

"Voglio stare un po' con Fra," aveva gridato Martina nell'orecchio di Matteo cercando di sovrastare la musica, facendo un cenno con la testa verso di lui, educata e decisa. Quello si era voltato di scatto e c'era stato un momento di tensione, poi Matteo se n'era andato e con lui la tensione. Sparita.

"Quanto mi chiude, quello," aveva sorriso Martina, rivolta a Francesco.

E mentre il sonno si impossessa delle sue palpebre, lui riesce a ricordarsi le due ore di assemblea in quell'auditorium gigante, due ore di storie di coraggio e di indifferenza che gli organizzatori avevano raccontato loro, e dopo il lungo dibattito che aveva acceso i ragazzi.

E poi quel fotografo – che era già al quarto viaggio della memoria – aveva trovato le parole giuste per tutto questo e anche per quel momento in cui dopo, quando Matteo aveva girato i tacchi, Francesco era uscito con Martina fuori dal locale, ridendo, e lei gli aveva tirato su la cerniera della giacca grigia e le loro dita si erano sfiorate, un istante.

Il fotografo lo aveva detto bene, specificando che molti adulti non capiscono questa cosa che accade, questa voglia di ridere e di cantare, di abbracciarsi e persino di ballare che li stava per travolgere tutti: "Voi ragazzi, dopo Auschwitz, rimbalzate alla vita," aveva detto.

13.

Avrebbe voluto che non finisse mai il viaggio di ritorno, Francesco.

Ma alla fine erano arrivati, con negli occhi poche ore di sonno e una valanga di nomi di nuovi amici per restare in contatto, per vedersi solo di tanto in tanto, per perdersi presto ma con un ricordo in comune che li avrebbe uniti. Erano arrivati e lui non si era precipitato al campo come aveva promesso al mister, gli aveva scritto che erano in ritardo ed era vero solo in parte.

Quella domenica pomeriggio l'aveva passata con Kappa, sulla panchina Numerouno, con quella sensazione di non vedersi da dieci anni e di essersi salutati la sera prima.

"Com'è andata?" gli aveva chiesto il suo amico, cercando di scovare del tabacco nella sua busta vuota.

"No, vabbe', Kappa, non puoi capire..." aveva risposto Francesco.

"È una roba tua, fratello, tienitela stretta," aveva detto Kappa, con uno sguardo da grande che forse Francesco non aveva mai visto. "Ti prometto," aveva aggiunto, "che un giorno ci andrò anche io."

"..."

"..."

"Sai, Kappa, stavo pensando di prendermi una pausa, cioè tipo una tregua coi miei, capito? Non so, che comunque laggiù ci sono tutte queste immagini delle famiglie che vengono separate e mi sono un attimo preso male, sai quando ti immedesimi..."

"...perché no? Le tregue si possono sempre infrangere. Se hai voglia di un po' di pace fallo, no? Sei sempre in tempo, a ricominciare la guerra."

"Giusto," dice Francesco.

"Oh, la continuiamo la maratona *Beer Wars*, poi? I vecchi episodi pare che siano fighissimi."

"Certo che la continuiamo."

Per fortuna Kappa l'aveva interrotto perché, se fosse andato avanti a parlare delle famiglie, questa volta Francesco si sarebbe messo a piangere, sicuro.

Vetusta Morla
Mapas

"Cada error en cada intersección
no es un paso atrás, es un paso más."

14.

È la partita più importante dell'anno e Francesco è seduto in panchina.

Il freddo dell'inverno sta scivolando via insieme al mese di febbraio, e in campo ci sono Abdul e Gianfranco, che sta pure giocando bene. Il risultato è fermo da mezz'ora sullo 0-0. Francesco non sta parlando con le altre riserve e non sta neanche guardando gli schemi avversari come gli ha detto il mister.

"Ti voglio mettere dentro all'inizio del secondo tempo," gli ha detto. "Fai caso a come si muovono i loro terzini, che ti piazzo bello largo."

I due più giovani giocatori del River Bosco, Michele e Roberto, erano suoi amici. Lo erano, perché non li aveva mai più visti, neanche alla bottiglieria, dopo quella volta nella Vecchia Scuola che tra i motorini avevano iniziato a toccare la ragazza-modella della classe di fianco.

Hanno un paio d'anni in più di lui, forse, e uno gioca centrale in difesa e l'altro in mezzo al campo. Sono arcigni, ben piazzati, e se devono dare una stecca non si fanno problemi a farlo anche con gente come Gianfranco, che avrà quindici anni più di loro e ha sempre i nervi scoperti. La tensione sale man mano che scorrono i minuti, e Francesco inizia a pregare che il mister cambi idea e non lo metta in campo.

Mai.

15.

Dopo che Gianluca aveva letto quelle due frasi, nella discussione il giorno dopo Auschwitz e Birkenau, era calato il silenzio.

La prima era dello storico che aveva raccontato la vicenda degli uomini comuni: "Tra l'atteggiamento di coloro che agirono per convinzione perché condividevano i valori del regime e le sue direttive, e quello di coloro che in apparenza si adeguarono ma disobbedirono quando non erano sorvegliati, altre reazioni erano possibili. Molti accettarono e interiorizzarono l'aspettativa connessa al loro ruolo di soldati, cioè di essere forti, obbedienti e disponibili a eseguire i voleri dello Stato a prescindere dal contenuto dei singoli ordini. Anche quando non sono sorvegliati, i soldati e i poliziotti possono obbedire volontariamente agli ordini che non corrispondono ai loro valori, così come possono essere uccisi mentre compiono il loro dovere, anche se non vogliono morire".

La seconda era stata scritta da Primo Levi: "Siamo uomini, apparteniamo alla stessa famiglia umana a cui appartennero i carnefici. Davanti all'enormità della loro colpa, ci sentiamo anche noi cittadini di Sodoma e Gomorra; non riusciamo a sentirci estranei all'accusa che un giudice extraterreno, sulla scorta della nostra stessa testimonianza, eleverebbe contro l'umanità intera. Siamo figli di quell'Europa dove è Auschwitz: siamo vissuti in quel secolo in cui la scienza è stata curvata, ed ha partorito il codice razziale e le camere a gas. Chi può dirsi sicuro di essere immune dall'infezione?".

Dopo il silenzio, aveva preso la parola Matteo: "Chi piange sta male, è vero, ma mette un muro fra sé e quelli, no? Sente le sofferenze delle vittime, diciamo, e dimostra di essere diverso da chi uccideva. Chi non piange questo non riesce a farlo".

Gli altri del gruppo lo avevano scrutato, non capendo.

"E allora," aveva continuato lui, "ti viene quella domanda da dentro: 'Loro, che torturavano e massacravano, e io che non provo niente nel vedere il dolore delle loro vittime, siamo poi così diversi?'. Non avevo mai pensato a certe cose. Non avevo mai pensato che quelli erano persone come noi..."

"Quelli erano dei cazzo di mostri," aveva ringhiato un Marco.

Dentro di sé Francesco era felice che se ne fosse occupato lui, di zittire quel cretino.

Ma Andrea era intervenuto, o meglio era intervenuta quella metà di lui che sembra scimmiotti gli adulti: "Come puoi pensare che fossero dei mostri? Abbiamo il diritto di sentirci migliori? Chissà cosa pensavano molti di loro a vedere le porcate che qualcuno aveva commesso nel loro passato, tipo nella prima guerra mondiale o nel Medioevo".

Dopo, prima della cena di quell'ultimo giorno a Cracovia, Francesco aveva mezzo litigato con Andrea. "Sono dei ***** di mostri, Andre!" Erano andati avanti venti minuti a parlarsi addosso, finché Andrea non aveva chiuso il discorso: "Non è che bisogna essere d'accordo su tutto per essere amici, no? Comunque secondo me pensare di essere diversi non ci aiuterà a impedire che storie come queste si ripetano, Fra".

16.

Succede che quando vanno sotto di un gol e il mister lo butta in campo, Gianfranco gli dice: "Coraggio, ragazzo, li riprendiamo!" e non lo chiama ragazzino ma ragazzo, ma Francesco con la testa è da un'altra parte proprio, e cerca di stare alla larga da quei due rognosi di Michele e Roberto e a un certo punto la partita si sta scaldando e un paio di suoi compagni che potrebbero essere suo padre iniziano a minacciare quelli del River Bosco. E Francesco comincia a pensare che gli avversari siano tutti come quei due perché vestono la stessa maglia di quei due, anche se razionalmente sa che è un'idiozia. Gli monta questa rabbia che non capisce da dove venga, e quando a metà del secondo tempo si lancia verso l'area del River Bosco e sta per fare un assist ad Abdul, un difensore mingherlino che è appena entrato e che sembra avere paura della propria ombra, gli entra male in scivolata.

Non lo fa apposta: quasi di sicuro è solo un movimento goffo, ma Francesco si alza e sussurra: "Ti spacco la faccia". Così, queste quattro parole, in un unico soffio: Ti-spacco-la-faccia.

L'arbitro non sente perché è a una quindicina di metri, e in un secondo i due avversari più vicini gli sono addosso.

"Ti ammazzo, ragazzino di merda!!!" urla uno dei due, e in questo momento Francesco viene preso da una specie di paura di farsi molto male intrecciata a un senso di immortalità, perché i suoi compagni stanno arrivando.

Gianfranco si lancia in sua difesa nella mischia che si sta per creare, poi arriva un loro centrocampista che ha una fama da tagliagole, e Francesco rimane congelato e sa che in questo momento gli basterebbe fare l'arrogante e alzare le braccia sorridendo come a dire "Io non ho fatto niente, guardi come entra questo, lo butti fuori". L'arbitro non ha sentito la sua minaccia, e hanno iniziato gli altri. Francesco ha fatto una cazzata, e della sua squadra lo sa solo lui. Anche il mister sta strillando "Signorarbitrooooo!!!!" che nel linguaggio dei campi da calcio vuol dire in questo caso "Ora-lei-espelle-quello-lì-che-ha-minacciato-la-mia-giovane-promessa-Francesco!!!".

Se tornasse indietro non lo direbbe di nuovo, ma si alzerebbe tendendo la mano al mingherlino per farsi tirare su e dicendo "Tranquillo, lo so che non era voluto".

È che ci sono delle situazioni in cui il tuo corpo si allea a sorpresa con la tua mente e insieme ti incastrano, e a quel punto capisci che tutti i discorsi che hai sentito e tutti i paroloni non hanno niente di virtuale e non sono ibernati in un punto remoto della nostra storia ma sono qui, oggi, a guardarci in faccia. Nella realtà.

*****, questa è una rima, pensa, guardando gli spalti, dove c'è Kappa mischiato a poche decine di tifosi. Ha le mani sulla testa e un mezzo broncio come se fosse l'unico, oltre a lui e ai tre difensori, ad aver sentito quel Ti-spacco-la-faccia.

Ora, Francesco potrebbe aprire le braccia e lasciarsi proteggere dai compagni grandi e grossi, e mentre guarda il mingherlino con gli occhi gonfi di paura e l'arbitro arrivare fischiando per interrompere la rissa imminente con la mano già nel taschino per estrarre il cartellino e ammonire o espellere chissà quale avversario, ripensa all'ultimo incontro in classe con Elena e Gianluca, prima di partire. A quel momento in cui il maggiore Trapp aveva detto di fare un passo avanti a chi non se la sentiva di uccidere.

"Tutti gli altri rimangano in riga," aveva detto.

Francesco ripensa al suo Heinz e agli altri del Battaglione 101, a monsieur LaPadite, all'uomo di Amburgo e alla mano di chi lo fotografò, ripensa al suo primo giorno nella Scuola Nuova e all'ultimo nella Vecchia Scuola, quando quella sensazione di sporco gli si era appiccicata addosso.

Ripensa a tutti quegli sguardi che ha incontrato in viaggio e a quanto poco si abbia il coraggio di guardarsi negli occhi, qui e nella vita di ogni giorno.

Per un attimo gli sembra di essere in tribuna al fianco di Kappa, a osservare da lontano quella paura di vivere che lo ha inchiodato tante, troppe volte, e a dirle:

"Sai che c'è, *********".

Eddie Vedder
Rise

“Gonna rise up
Turning mistakes into gold.”

17.

Francesco aveva alzato semplicemente le braccia con i palmi rivolti verso il cielo.

Aveva fatto un cenno all'arbitro che stava ammonendo quell'energumeno che gli aveva urlato "Ti ammazzo, ragazzino di merda!!!" e aveva detto "Ho iniziato io, Signorarbitro". Poi aveva teso la mano al mingherlino.

"Scusa," gli aveva chiesto guardandolo negli occhi. "Non so cosa mi è preso."

Da lassù, in piedi sui gradoni, Kappa aveva smesso di aggrapparsi alla nuca con le dita e aveva fatto un magnifico inchino che voleva dire qualcosa come "Fratello, sei un grande". Francesco ne era certo.

Lo sa che avrebbe potuto evitare di correre ai ripari, lo sa che chissenefrega di una partita anche importante come quella se ti metti a pensare a tutto il male che succede nel mondo, ma sa anche che quella sensazione che non lo mollava un secondo ora non c'è più, perché era svanita in quel gesto nitido, semplice.

La faccia dell'arbitro valeva da sola il prezzo del biglietto, e con quella faccia allibita come a dire È-la-prima-volta-che-mi-capita-una-roba-del-genere o E-questo-che-si-autodenuncia-è-fuori-di-testa? aveva estratto il cartellino rosso e l'aveva buttato fuori dal campo. Con gentilezza, quasi.

Quando era passato vicino alla panchina diretto negli spogliatoi, sapendo di aver lasciato la sua squadra nei casini, il mister aveva alzato il palmo della sua mano destra come per colpirlo. Ma il palmo era rimasto su, in cielo, ad agitarsi come quello del gigante polacco Marek, e Francesco era sicuro che volesse dirgli qualcosa di grande. Ma non è che abbia capito esattamente cosa, tipo che se si potesse istituire un Giorno del Presente personale, Francesco forse sceglierebbe questo. La terza domenica di febbraio, o qualcosa del genere.

Aveva guardato oltre il palmo del mister, anche se era così grande che copriva metà del cielo, sopra la sua testa di ragazzo incassata nelle spalle. Aveva guardato oltre, dove dicono che vanno le persone dopo che muoiono, almeno quelle che se lo meritano, ecco.

È che non sapeva dove altro guardare, per sorridere a Simone.

Anche se non esisti

Caro monsieur LaPadite,

nella vita a volte serve tanto di quel coraggio che noi non possiamo neanche immaginarlo.

Solo tu sai quanta paura hai avuto quando quella famiglia ti ha chiesto di essere nascosta in casa tua, quando hanno bussato alla tua porta (quando la Storia ha bussato alla tua porta). O forse gliel'hai proposto addirittura tu. Probabilmente l'hai vinta, la tua paura, giorno dopo giorno, finché non è arrivato quel colonnello delle SS e ha distrutto la tua vita. Quello che è successo non è colpa tua, non può essere colpa tua.

Io adesso ti immagino seduto per terra, con la testa tra le tue mani da contadino, a piangere e a chiederti cosa avresti potuto fare per evitare tutto questo. Non era la tua vita a essere in pericolo, ma quella delle tue figlie. Con loro hai giocato e le hai sgridate, le hai viste nascere e crescere, e non potevi essere la causa della loro morte. A me della famiglia importava poco o niente, fino a qualche giorno fa, ma chi non ti capisce?

Come la signora che abbiamo incontrato il Giorno della Memoria, neanche io so cosa avrei fatto al tuo posto. So *però che se tu non hai avuto scelta, quando l'uomo delle SS è entrato in casa tua, è perché giorno dopo giorno milioni di persone, in ogni punto d'Europa, non hanno saputo dire "No, sai che c'è, andate a farvi *******". Era troppo tardi, monsieur LaPadite, ed è giusto che tu lo sappia. Non piangere. O forse sì, piangi ancora un po', se ti serve per liberarti.*

Caro monsieur LaPadite,

penso che a volte nella vita dobbiamo avere il coraggio di voltare pagina. Abbiamo fatto quello che abbiamo potuto, e c'è sempre qualcosa che avremmo potuto fare e che non abbiamo fatto. Se migliaia o milioni di persone nel mondo avessero avuto il coraggio che hai avuto tu, probabilmente Auschwitz non sarebbe neanche esistita. Forse tu non sai neanche cos'è, Auschwitz, ma ti garantisco che è un posto che fa tremare il cuore. Mi devo fermare un attimo, adesso.

≈

Caro monsieur LaPadite,

rimanga tra noi, ti prego, ma solo con questo viaggio ho capito che ci sono delle cose che possiamo fermare e altre per le quali non possiamo fare niente. Se una o due volte nella vita hai sbagliato devi sapere andare avanti e capire perché sei stato un codardo o sei stato cieco. Non dirlo a nessuno, monsieur LaPadite, ma io in questi giorni ho imparato a piangere. Cioè mi è appena successo, seduto nel corridoio del treno, e non mi ha visto nessuno ma se anche mi avessero visto non importa, perché scrivendoti ho iniziato a piangere (per questo mi sono fermato, poco fa).

Ho pianto per quello che ho visto ad Auschwitz e per quello che è successo nella Vecchia Scuola e ho pianto per Simone. Finalmente. Ho pianto perché non riuscivo a far capire ai miei cosa significa alzarsi la mattina con quella sensazione lì nel petto. Non ho mai neanche provato a spiegarglielo in realtà. Ma in questo mondo ci si passa una volta sola, sai, e lo so che è ovvio ma tutti noi è la prima volta che viviamo. Certe cose bisogna impararle.

Ho capito che molti di quei giorni in cui ti capita di pensare che è tutto uno schifo è perché hai troppa voglia di vivere, e alla mia età non è che qualcuno te lo insegna, ecco. Alla tua, invece, potresti metterti il cuore in pace.

Ora basta piangere, esci fuori e abbraccia le tue figlie, che a volte non sappiamo neanche quanto ci può fare bene un abbraccio (ieri sera ci siamo abbracciati tantissimo), e loro di sicuro hanno bisogno di sentirti forte e di asciugarti le lacrime. Non ti preoccupare per il futuro: proveremo a occuparcene noi giovani che abbiamo visto dove è stato in grado di precipitare il tuo mondo.

Te lo prometto, monsieur LaPadite, perché ora l'ho capito.

Francesco

Cinque mesi dopo

Il sole di metà luglio è ancora sopra i palazzi della città, ma tra il verde delle foglie inizia a scivolare quel venticello che fa sentire vivi. Sul lungofiume, una panchina. La chitarra di Andrea accompagna il ritmo di un bongo che risuona dall'altra sponda.

Francesco è a torso nudo, scalzo, in piedi. Ha raggiunto gli altri da poco, qui.

"When the night has come
And the land is dark
And the moon is the only light we'll see."

Alessia dà un bacio ad Andrea, poi si siede per terra e fa ondeggiare la testa, sorridendo al ritmo della musica. Martina è sulla panchina, in sandali, che si abbraccia le gambe leggermente abbronzate. Francesco si rende conto di non aver mai pensato che dei piedi potessero essere splendidi (e di non aver mai pensato che Martina potesse avere dei piedi, là sotto, a dir la verità). La guarda, appena contro sole, e vede alle spalle di lei una giovane coppia che cammina spingendo le bici a mano, con negli occhi il calore dell'estate e quello dei progetti che portano oltre.

Kappa è dall'altro lato del fiume, in canotta, con in mano una bomboletta ancora aperta.

Alza le braccia come a salutarli tutti in un gesto solo. La sua ombra si proietta sulla scritta alle sue spalle: *"We can be heroes". K.*

Gliel'ha detto prima di mollarlo sul ponte: "Lo cantava David Bowie: possiamo essere eroi, anche solo per un giorno. No, fratello?". E comunque Francesco ha portato a casa il risultato, nella Scuola Nuova, ecco, e non resta che pensare al prossimo anno.

"No I won't be afraid
Oh, I won't be afraid
Just as long as you stand, stand by me."

"Vieni qui, Fra," Martina glielo sussurra per non spezzare il ritmo del tempo, procurandogli un brivido tra il collo e le braccia.

"So darling, darling
Stand by me, oh stand by me
Oh stand, stand by me
Stand by me."

Francesco si avvicina.

"If the sky that we look upon
Should tumble and fall
All the mountains should crumble to the sea."

Si siede tra Martina e il suono della chitarra del suo amico Andrea, e di colpo quella sensazione che non aveva un nome – la sensazione di quel lunedì di gennaio – gli sembra della vita di qualcun altro. Di colpo si trova a pensare che la vita è ostinatamente intensa, appoggia la schiena sulla panchina e apre le braccia, respirando questo nuovo modo di vedere le cose. Rimbalzando alla sua, di vita.

"I won't cry, I won't cry
No, I won't shed a tear
Just as long as you stand, stand by me.

And darling, darling
Stand by me, oh stand by me
Oh stand now, stand by me
Stand by me..."

Martina appoggia la testa tra la spalla destra e il collo di Francesco, in quell'incavo che sembra sia stato disegnato per accogliere questo gesto, prima o poi, un giorno di quel tempo meraviglioso che sono i sedici anni.

Così, al tramonto.

Francesco la accarezza delicato, e guarda avanti.

Ringraziamenti

Questa non è una storia vera, ma è composta da un numero incalcolabile di pezzi di realtà. Tutti i fatti del nostro passato – le *storie* che fanno la storia – che sono stati raccontati qui attraverso saggi e romanzi, fotografie, film e luoghi li potete trovare nelle ultime pagine di questo libro, che vorrei chiudere con alcune brevi precisazioni.

Ne ho conosciuti tanti, tantissimi, di ragazzi e di ragazze come Francesco e Martina, come Andrea e Alessia, come Alessandro e Jasmine, come Matteo e il Gatto e la Volpe della Vecchia Scuola, come Elisa, i due Marco e tutti quelli che qui si sono intravisti appena tra le righe. Sui *luoghi* della storia – non solo ad Auschwitz – ci siamo andati decine e decine di volte così, con le parole e con le immagini che la storia di Francesco ci ha regalato in queste pagine. E abbiamo imparato, insieme, a farci qualche *domanda*, sull'uomo nel tempo e su noi stessi.

Molte delle attività che avete letto le proponiamo a migliaia di ragazzi di tutta Italia tra i sedici e i vent'anni, con l'associazione di cui faccio parte, che si chiama Deina, da *deinós*, una parola greca che indica la strabiliante capacità che ha l'uomo di essere terribile e meraviglioso allo stesso tempo. Di quello che avete letto, i ragazzi che hanno partecipato ai nostri viaggi avranno riconosciuto in particolare il percorso di avvicinamento attraverso la condivisione di speranze e paure, la scrittura creativa a partire da immagini come quella dell'uomo di Amburgo, l'utilizzo di una cronologia e del gioco di ruolo su *Uomini comuni* e il "supermarket totalitario" (questo a Francesco l'hanno solo raccontato, perché era dal preside), oltre che la visione dello spezzone iniziale di *Bastardi senza gloria* (e la lettera a monsieur LaPadite) e di *Educazione alla morte* (anche questo Francesco se l'è perso), e il film *La Rosa Bianca* che Francesco ha visto in pullman e la "restituzione" che, in piccoli gruppi e collettivamente, si fa a Cracovia. Dell'associazione Deina vorrei ringraziare in particolare Elena Bissaca, Sofia Burioli e Gianluca Corzani, che hanno seguito da vicino la scrittura di questo libro e che hanno ispirato i personaggi di Elena e Gianluca, nel quale ci sono un po' anche io. Non avrei potuto neanche immaginare di scrivere queste pagine se non ci fossero state le esperienze condivise con Matteo Balduzzi, Lorenzo Bigiarini, Filippo Bonadiman, Alessandro Huber, Cristina Lentini, Francesca Poli, Alice Ravinale, Davide "Davidone" Toso e Antonio Trombetta – e con loro Sara Bagnoli, Cesare Covezzi, Chiara Cuatto e Francesco Filippi. Insieme ai compagni di viaggio di Deina vorrei ringraziare anche le centinaia di educatori ed educatrici che in questi anni hanno dedicato volontariamente il loro tempo ai nostri progetti e, soprattutto, agli studenti che hanno partecipato. Una menzione particolare a Davide Tamagnini e ai suoi ragazzi, che più di altri possono aver trovato le loro splendide parole in queste pagine.

È vero che in Francesco ci sono pezzi di ragazze e di ragazzi che hanno viaggiato con me e con noi, e non potrei mai ringraziarli tutti. Ma vorrei farlo almeno con una di loro, Elisa Pavia: anche lei ha avuto la pazienza di seguire la stesura di questo libro, incoraggiandomi con allegria. Tutti gli altri li ricordo con enorme affetto: molte loro frasi mi sono rimaste impresse nella memoria, alcune le ho ritrovate in brandelli di chat, di mail o in pezzi di carta sparsi nel mio studio. Alcuni si riconosceranno un po' nella storia di Francesco, altri in quella dei suoi compagni di viaggio, di altri ancora della "comunità viaggiante", ogni anno diversa, avrete appena intuito i volti, i pensieri e le emozioni. Con il loro splendido bagaglio di energia e umanità. Ma Francesco sono stato e sono un po' anche io, che conosco quella sensazione tra la pancia e il petto e che forse ho capito che la storia sarebbe stata la mia vita quando l'ho incontrata laggiù, ad Auschwitz.

Con alcune altre persone condivido la passione per la storia fin dall'inizio o le ho un po' contagiate. Hanno letto, in tutto o in parte, questo libro (mentre lo stava diventando), e vorrei ringraziare qui: Marco Albeltaro, Carlo Ballero, Barbara Berruti, Ruben Bianchetti, David Bidussa, Marisa Cherchi, Valentina Colombi, Chiara Colombini, Alberto Cutolo, Giovanni De Luna, Giacomo Donadio, Edoardo Greppi (M.P.), Emanuele La Ferla, Bruno Maida, Stefano Pantaleoni, Giorgia Porceddu, Maria Cristina Porro (M.M.), Federica Priola, Daniele Regoli, Anna Stefi e la mitica Silvia Meucci con Ada e Alberto Suárez. Un ringraziamento speciale a due professori e due professoresse di storia che amano straordinariamente il loro lavoro e che hanno discusso con me queste pagine: Maria Grazia Alemanno, Enrica Bricchetto (con le sue allieve Erica Lonardi e Doaa Dikrallah), Enrico Manera e Marco Meotto. Non posso non ringraziare anche lo staff del Museo statale di Auschwitz-Birkenau e le sue guide italiane, e in particolare Michele Andreola e Diego Audero, e la grande umanità e professionalità del suo direttore Piotr M.A. Cywiński, il cui libro *Epitaph* (Auschwitz-Birkenau State Museum 2015), è uno strumento di grande valore. Le parole della guida che avete incontrato in questo libro sono un intreccio di varie letture tra cui alcuni passi di *Epitaph*, un mio racconto come inviato Rai da Auschwitz (fatto in occasione di uno speciale della trasmissione *Il tempo e la storia* di Rai Storia all'inizio del 2015) e le decine di visite che ho avuto occasione di fare io stesso ad Auschwitz e Birkenau, oltre alle conoscenze sedimentate in questi anni. Naturalmente la responsabilità di ogni eventuale omissione o imprecisione è solo mia.

Grazie anche a Francesca Dal Negro, Gianluca Foglia e Alberto Rollo della casa editrice Feltrinelli per aver voluto questo libro, e a Gaia Margutti per averlo seguito da vicino.

Un ringraziamento più che speciale a Manuela, che ha sopportato ogni mia esitazione e mi ha spronato delicatamente.

Io ho avuto la fortuna – e non capita a tutti – di non perdere un grande amico, quando avevo l'età di Francesco. Mi è successo dopo, di vivere un lutto così grande, da fratello maggiore però, da "giovane adulto". Tommaso Gioannini ha scelto di salire sul treno con noi, alcuni anni fa. Era già molto malato, e ha voluto affrontare un viaggio ad Auschwitz con una commovente consapevolezza. Ci ha lasciati pochi mesi dopo, il 3 giugno 2013. Ha saputo farsi volere un bene incommensurabile, mi e ci ha insegnato più di mille ore di studio e di riflessione, e il suo ricordo mi resta nel cuore, indelebile, come la sua insaziabile curiosità.

Questo libro è dedicato a Tommaso.

In sua memoria è sorta la Fondazione per la ricerca sui tumori dell'apparato muscoloscheletrico e rari ONLUS.

Credits

> Why do you look so sad, and forsaken?
> When one door is closed, don't you know,
> another is open.
>
> Bob Marley & The Wailers, *Coming In From The Cold*

Nel libro sono citati, testualmente o discorsivamente, alcuni frammenti di saggi utili per affrontare questa storia.

Nel capitolo *È difficile ricordare* la prof parla espressamente del reportage di Hannah Arendt, *La banalità del male. Eichmann a Gerusalemme* (Feltrinelli, Milano 1964). In seguito cita Primo Levi, *I sommersi e i salvati* (Einaudi, Torino 1986 e 2014). Il libro viene ripreso dalla guida a p. 147, nel parlare della "zona grigia" e accenna al tema sollevato da David Bidussa in *Dopo l'ultimo testimone* (Einaudi, Torino 2009). Le informazioni che fornisce alla III C a proposito del cinema vengono in parte da Andrea Minuz e Guido Vitiello (a cura di), *La Shoah nel cinema italiano* (Rubbettino, Soveria Mannelli 2013).

Nel capitolo *Demo* a p. 56 e nel capitolo *Maledetta memoria* a p. 95 Gianluca ed Elena citano la voce di Walter Laqueur "Soluzione finale, chi sapeva e cosa se ne sapeva", presente nel volume curato dallo stesso Laqueur, *Dizionario dell'Olocausto* (edizione italiana a cura di Alberto Cavaglion, Einaudi, Torino 2004 e 2007).

L'inizio del capitolo *Maledetta memoria* è ispirato a un incontro realmente avvenuto con Nedelia Tedeschi Lolli, ex "bambina nascosta" e autrice della poesia *Messaggio*, citata alle pp. 78-81 e pubblicata nel suo libro *Non voltarti indietro per non diventare una statua di sale. Poesie* (Giuntina, Firenze 2013). Tra p. 88 e p. 105 viene più volte citato Cristopher R. Browning, *Uomini comuni. Polizia tedesca e "soluzione finale" in Polonia* (Einaudi, Torino 1995 e 2004), che viene ripreso diverse altre volte nei ragionamenti di Francesco, ma non solo: la frase proposta da Gianluca, a p. 201, è tratta dalla Postfazione (1998) alla nuova edizione del libro, in risposta alle critiche di Daniel J. Goldhagen, autore del controverso *I volonterosi carnefici di Hitler. I tedeschi comuni e l'Olocausto* (Mondadori, Milano 1997). La frase di Primo Levi citata subito dopo è invece presente in *Deportati anniversario* (in "Torino, rivista della città e del Piemonte", n. 4, aprile 1955).

Come ho scritto nei ringraziamenti, le parole pronunciate dalla guida nel capitolo *You'll never walk alone* sono un intreccio fra la mia esperienza di questi anni e (alle pp. 139-140 e 160-166) sono ripresi testualmente alcuni passaggi del libro di Piotr M.A. Cywiński, *Epitaph* (Auschwitz-Birkenau State Museum, Oświęcim 2015. La traduzione dall'inglese è mia). La guida riprende anche la stima sui carnefici presente nel saggio di Dieter Pohl *Collaboration in the Holocaust in Hitler's Europe* (http://bit.ly/1RoNx1Z) e Jasmine compra il libro, a cura di Piotr Setkiewicz, *The Private Lives of the Auschwitz SS* (Auschwitz-Birkenau State Museum, Oświęcim 2014).

Il brano di Zerocalcare a p. 154 è pubblicato in *Ogni maledetto lunedì (su due)*, (Bao Publishing, Milano 2013).

Come aveva fatto Jasmine nel capitolo *Tu che non vuoi, tu che non sai*, parlando di Hans Fallada, *Ognuno muore solo* (Sellerio, Palermo 2010), anche Gianluca cita un romanzo, nel capitolo *Basta piangere*. È *Non buttiamoci giù* di Nick Hornby (Guanda, Parma 2005).

Alla fine del libro Andrea canta *Stand By Me* di Ben E. King da *Dont' Play That Song!*, 1960.

Nel testo vengono citati brevemente anche diversi film che raccontano l'Europa tra il 1933 e il 1945, e che ripropongo qui in ordine di realizzazione: *Education for death*, di Clyde Geronimi, Stati Uniti 1943; *Shoah*, di Claude Lanzmann, Francia 1985; *Schindler's List*, di Steven Spielberg, Stati Uniti 1993; *La vita è bella*, di Roberto Benigni, Italia 1997; *La Rosa Bianca. Sophie Scholl*, di Marc Rothemund, Germania 2005; *Defiance. I giorni del coraggio*, di Edward Zwick, Stati Uniti 2008; *Bastardi senza gloria*, di Quentin Tarantino, Stati Uniti-Germania 2009.

Il testo del brano musicale a p. 7 è da Archive, *Collapse/Collide*, in *Controlling Crowds*, 2009; a p. 62 da Nesli Rice e Fabri Fibra, *Non dimentico* degli Uomini di mare, *Sindrome di fine millennio*, 1999; a p. 77 da Vasco Rossi, *Vivere*, in *Gli spari sopra*, 1993; a p. 97 da The Fray, *How To Save a Life*, in *How To Save a Life*, 2005; a p. 125 da Richard Rodgers e Oscar Hammerstein, *You'll Never Walk Alone*, in *Carousel*, 1945; a p.171 da Steve Earle & The Dukes, *Billy Austin*, in *Shut Up And Die Like An Aviator*, 1991; a p. 176 da Filter, *The Best Things*, in *Title Of Record*, 1999; a p. 195 da Noir Désir, *Le vent nous portera*, in *Des visages des figures*, 2001; a p. 199 da Vetusta Morla, *Mapas*, in *Mapas*, 2011; a p. 205 da Eddie Vedder, *Rise*, in *Into The Wild*, 2007, a p. 219 da Bob Marley & The Wailers, *Coming In From The Cold*, in *Uprising*, 1980.

Indice